ESSAI

SUR LA

POLITIQUE INDUSTRIELLE

ET

COMMERCIALE,

PAR ÉMILE DE BROUWER.

Cet ouvrage fait suite à celui intitulé : *des Richesses créées par l'Industrie et les Arts*,

PAR LE MÊME AUTEUR.

PREMIÈRE PARTIE.

De la Politique intérieure.

BRUGES,
IMPRIMERIE D'ALPHONSE BOGAERT, RUE PHILIPSTOCK.

1850.

PRÉFACE.

Il n'est point de questions plus à l'ordre du jour que celles qui se rattachent au bien-être matériel. Et pourrait-il en être autrement, à une époque où le malaise est à peu près général, où le travailleur honnête, ne trouvant pas une juste rétribution en retour de ses peines, se sent gêné sans savoir exactement d'où lui vient la gêne?

Le monde entier semble transformé en un champ de discussion où chaque orateur rêprésente une idée parfaitement en harmonie avec ses intérêts particuliers.

Entendez parler l'industriel opulent dont les magasins regorgent de marchandises, il vous dira qu'on produit trop, qu'il faut limiter la production. Demandez à l'ouvrier comment il se peut faire, qu'en présence de cette production extraordinaire, il soit si mal vêtu, si mal nourri. Bien que la demande lui paraîtra peu sérieuse, il vous répondra qu'on ne produit pas assez.

Voilà donc deux opinions diamétralement opposées ; mais, entre elles, une foule d'autres viennent encore se ranger. Les uns disent que la population est trop forte, que la guerre est un mal nécessaire, les plus radicaux du parti, ne trouvent pas trop mauvaise la coutume chinoise. A quoi bon tant d'enfants? disent-ils. D'autres voudraient tout prohiber et n'admettraient pas même un chat au passage, qui ne fût accompagné d'un acquit de *transit* et d'une lettre de voiture timbrée. D'autres enfin appellent de leurs vœux la liberté illimitée en tout et pour tous, en un mot l'anarchie industrielle, sauf cependant une légère exception en faveur de la petite industrie que chacun d'eux exerce. Ces derniers voudraient voir les hommes cheminer au travers d'un monde couvert de broussailles, tout en se réservant, pour eux et leurs familles, un petit sentier bien uni et convenablement clôturé par une double haie de lois protectrices et de cohortes de douaniers.

Il est impossible que la société s'entende au milieu d'une pareille confusion d'idées et il est à craindre que le dernier jour du monde ne vienne la surprendre, encore en pleine discussion.

Bien que tous les gouverments s'efforcent de venir en aide aux populations soumises à leurs administrations, il faut en convenir, beaucoup marchent en tâtonnant, suivent tantôt tel système, tantôt tel autre ; et, parce qu'ils voudraient contenter chacun en particulier, il arrive qu'ils indisposent souvent tout le monde.

Le mal vient de ce que la société n'a pas arrêté certains principes qu'il convenait d'établir et qui, une fois généralement admis, auraient servi de base à la discussion.

En venant mêler ma voix à celles de tant d'autres, je n'ai pas la prétention de dire d'un ton doctoral : Je vous apporte le remède à tous les maux. Je viens, au contraire, très-modestement et tel qu'il convient à un homme dont le nom ne fait pas autorité, vous dire : ce que j'avance est incomplet, je le sais, peut-être même peu clair, mais vous reconnaîtrez certainement que je parle de bonne foi.

Si cependant mes vues étaient jugées fausses, qu'on veuille bien en faire ressortir la fausseté, la vérité une fois trouvée, je viendrai aussitôt combattre dans les rangs de ses défenseurs. Mais, avant de juger et de condamner mes principes, qu'il me soit permis de faire observer que, dans mes raisonnements, je prends l'homme tel qu'il est et tel qu'il sera toujours, quels que soient les progrès de la civilisation. C'est-à-dire, que je le considère comme un être désireux de posséder, parce que la possession donne droit à la jouissance ; comme un être travaillant pour lui d'abord, pour les autres ensuite.

OSTENDE, JUILLET 1850.

Essai sur la Politique Industrielle et Commerciale.

CHAPITRE PREMIER.

Utilité de la science économique et de la politique industrielle et commerciale.

La politique, prise dans son acception générale, constitue l'art de gouverner les états ; elle a ses subdivisions : nous désignerons sous la dénomination de *Politique Industrielle et Commerciale*, cette partie dont l'application rationnelle stimule l'industrie, vient en aide à la production, mais dont les effets embarrassent, neutralisent, annihilent les efforts productifs des peuples, lorsque l'application en est vicieuse, lorsque la direction qui lui est imprimée est en désaccord avec les lois inébranlables de la nature.

La définition que nous venons de donner de cette partie de la politique en signale toute l'importance. Le bonheur matériel ou le malheur des nations dépend de la direction qu'on lui donne, dès lors, elle intéresse, non-seulement les hommes appelés à gouverner la société, mais les citoyens de tous les pays, de toutes les classes.

La politique industrielle et commerciale doit reposer sur ces vérités économiques que l'ignorance peut contester, mais qu'elle ne saurait détruire, parce que, non-seulement elles sont démontrées par la science descriptive, mais parce qu'elles sont confirmées par la science expérimentale; parce que, non-seulement elles sont fondées sur la raison même, mais parce qu'elles sont en parfaite concordance avec ce qui arrive.

Chose singulière, nous qui prétendons vivre dans un siècle de lumières et de progrès, nous sommes forcés de ranger la science économique, malgré toute l'importance qui s'y rattache, parmi les sciences les moins connues.

La société actuelle possède des théologiens, des jurisconsultes, des médecins en masse, beaucoup d'astronomes et de mathématiciens, assez de poëtes et de littérateurs, bon nombre d'artistes, peut-être trop de comédiens et de danseurs, mais à coup sûr elle n'a pas assez d'économistes. Ne serait-il pas à désirer cependant que l'économie politique devint une science populaire? Ne devrait-elle pas être inscrite dans le programme scolaire de nos écoles modernes? Si elle était plus répandue, elle changerait la face du monde, car elle démontre à l'évidence, qu'une contrée ne peut pas tout produire; que la nature a reparti ses dons et que la prospérité gît à la fois dans la création et l'échange.

Mais comment convient-il de favoriser la création, comment faut-il échanger? Voilà des questions de politique industrielle et commerciale, questions dont la solution découle naturellement des principes reconnues de la création des richesses.

Dans les pays surtout, où plusieurs pouvoirs sont

appelés à faire les lois, la popularité de la science économique est plus indispensable. Un gouvernement constitutionnel est un gouvernement de discussion où chacun vient émettre ses idées. Du choc des opinions, avons-nous souvent entendu dire, jaillit la lumière, cela est vrai quand ces opinions sont appuyées sur des vérités incontestables et généralement admises ; mais ce qui jaillit de ce choc tant vanté n'est rien moins que lumineux, quand l'opinion est basée sur le préjugé ou sur l'erreur ; car alors les parties combattent à côté de la question.

La Belgique, il faut en convenir, ne marche pas au dernier rang dans la civilisation, cependant, combien de fois n'entendons nous pas parmi nous ce cri inique : *Nous marchons vers le paupérisme, l'argent sort du pays !* Eh ! s'il est vrai qu'il sorte du pays, souhaitez-lui un bon voyage et dites lui au revoir. Nous n'en faisons pas cadeau, soyons en persuadés, il nous rentre en échange d'autres choses que nos besoins réclament. C'est ainsi, par exemple, que le pain nous convient mieux que l'argent que nous donnons au boulanger ; que le vêtement nous est plus utile que la somme que nous remettons au tailleur.

Certes, il arrive que l'argent sort, mais il est physiquement prouvé qu'il en entre aussi. Et en effet, d'où viennent ces monnaies aux coins de tous les gouvernements qui se sont succédé en France depuis trois quarts de siècle, ces pièces allemandes, ces guinées anglaises, ces piastres d'Espagne, ces belles pièces d'or à l'effigie du Roi des Pays-Bas ? On admettra qu'elles n'ont pas été battues à Bruxelles, nous ne poussons pas la contrefaçon à ce point là.

La politique industrielle et commerciale dérive naturellement de la science économique. Quoiqu'elle soit fondée sur des vérités irréfutables, bien qu'elle ait des principes généraux, on peut en varier l'application suivant les dispositions productives des contrées, suivant les instincts des habitants, suivant les avantages dont le créateur a favorisé les différents points du globe; c'est-à-dire, suivant le climat, la topographie des pays, suivant les goûts des habitants, goûts, le plus souvent suggérés par les dispositions naturelles du lieu que l'on est habitué de voir. C'est ainsi que celui qui promène journellement ses regards sur la plaine liquide est naturellement porté à se faire marin, il éprouve moins de répugnance à exposer ses capitaux sur cet élément, comme celui qui habite sur un rocher de marbre ou près d'un bassin houiller devient plus naturellement mineur, il engage de préférence ses capitaux dans l'exploitation minéralogique.

De même que la machine à vapeur fait mouvoir indistinctement tous les genres de métiers; qu'elle fait filer ou tisser n'importe quelle matière suivant l'atelier où elle fonctionne, de même, la politique industrielle et commerciale a des principes généraux, mais dont l'application diffère selon la disposition des lieux.

Le bonheur matériel des peuples, la prospérité, avons-nous dit, nait de la création et l'échange. La démonstration de cette vérité est le but que nous nous proposons d'atteindre. Mais comment favoriser la création et l'échange? Quelles sont les causes qui embarrassent et neutralisent les efforts productifs des peuples? Voilà les questions que nous tâcherons de résoudre et dont la solution découle naturellement des principes reconnus et généralement admis de la création des richesses.

Nous subdiviserons la politique industrielle et commerciale en politique intérieure et en politique extérieure. Les questions qui se rattachent à la production à l'intérieur feront l'objet de la première partie; celles qui se rapportent plus essentiellement aux importations et aux exportations seront traitées, d'une manière plus spéciale, dans la deuxième partie de cet ouvrage.

CHAPITRE II.

Du travail. — Il doit être considéré comme la monnaie originaire de toute chose. — Le travail de l'homme doit être subordonné à celui de la nature.

La source de toute richesse, c'est le travail; qu'il soit scientifique ou manuel, qu'il ait été accompli difficilement ou facilement, que la nature y ait largement ou faiblement contribué.

Vous possédez un meuble? Ce meuble est une richesse, il existe en vertu du travail. Il a fallu planter et abattre l'arbre, le dépecer; disposer, ajuster et rassembler le bois, lui donner les formes convenables; vous devez donc la création de votre richesse au travail.

Mais vous possédez cet objet, dites-vous, non en vertu de votre travail, vous n'êtes pas menuisier, encore moins ébéniste, vous êtes perruquier, vous l'avez acheté. Nous vous répondrons que le meuble existe toujours par le travail et que vous le possédez en vertu du vôtre. Vous maniez mieux le rasoir, les ciseaux et le fer, que la hache, la scie et le marteau; au lieu de planter et d'abattre des arbres, de scier et de raboter le bois, vous avez trouvé plus convenable, de coiffer et de raser la pratique. Vous avez parfaitement bien fait. Mais cette pratique vous a rétribué et les espèces que vous avez reçues ont servi à payer les notes de vos fournisseurs, or donc, le meuble dont il s'agit, les commodités dont vous disposez, les richesses que vous consommez, vous et votre famille, vous les devez en définitif à votre travail propre que vous avez échangé contre le travail d'autrui.

Vous possédez le meuble non par votre travail, me répliquera-t-on, vous n'êtes ni perruquier, ni tailleur, vous vous couchez tôt, vous vous levez tard, vous vous promenez entre vos repas. Alors vous devez être *rentier*. Vous possédez encore le meuble en vertu du travail, non pas précisément du vôtre, si vous avez toujours été oisif, mais en vertu d'un travail antérieurement fait par votre père, votre aïeul, votre bisaïeul, par un oncle d'Amérique peut-être, travail déjà échangé, dont vous avez hérité, que vous avez fait valoir en conformité des intérêts de votre métier de rentier qui vous donne droit à une part du labeur de quelques autres, et dont vous avez cédé, à votre tour, une parcelle en échange du meuble.

Que l'on examine la question sous toutes ses faces et l'on acquerra la conviction, que toute richesse existe en vertu du travail, et que le possesseur en est redevable, soit à un héritage, soit à un travail accompli, soit à l'échange de ce travail.

Nous admettons donc avec Adam Smith que le

travail est le premier prix, la monnaie originaire que l'on a payée pour tout; que c'est au travail et non à l'or et à l'argent que le monde est redevable de toutes ses richesses, mais nous n'admettrons pas que le travail soit la véritable mesure de la valeur échangeable de tout produit. Et en effet, celui qui est employé pendant une heure à une occupation de cabinet, a nécessairement créé une plus grande valeur que le manœuvre occupé pendant une heure à un labeur même pénible. Nous en avons développé les motifs ailleurs (*).

Dans l'exercice même d'un métier, un ouvrier peut être plus adroit, plus habile que l'autre, posséder des moyens plus expéditifs. Or, l'heure du travail du premier aura une plus grande valeur que celle du second, et si le premier, disposant d'un bienfait de la nature, fait fonctionner un agent naturel dont l'autre se voie privé en tout ou en partie, il est évident que la valeur créée par le premier sera, dans un temps donné, incomparablement supérieure à celle que produira le second. Le premier trouvera dans l'échange de son travail, tout en le cédant à bon compte, non-seulement de quoi pourvoir abondamment à tous ses premiers besoins, mais il pourra acquérir l'utile, il aura même du superflu; le second ne trouvera pas dans l'échange de quoi se procurer le nécessaire, et la raison en est saisissable : que peuvent plusieurs hommes, quelque forts et courageux qu'ils soient, contre celui qui,

(*) *Des richesses créées par l'Industrie et les Arts.* Chap. XVII.

quoique faiblement constitué, a la nature pour aide? Archimède, ne contint-il pas, à lui seul, Marcus-Claudius et sa formidable armée. Syracuse fut prise, il est vrai, mais par ruse et après un siége de trois ans.

L'occupation constante est, à plus d'un titre, la condition indispensable du bonheur de la société. Une nation qui se relâche devient non-seulement pauvre et misérable, mais vicieuse et corrompue; les liens sociaux en sont bientôt rompus, les lois de la morale oubliées. La civilisation disparaît petit à petit et à sa place vient trôner la barbarie avec son hideux cortége. Mère de tous les vices, l'oisiveté fut la cause de la décadence des nations les plus puissantes de l'antiquité.

Ces vérités n'échappent à aucun gouvernement, tous s'efforcent d'inspirer l'amour du travail, tous cherchent à imprimer à l'industrie nationale un mouvement progressif, mais peu semblent voir que la nature a assigné à chaque nation, à chaque individu même, sa tâche dans l'immense ruche de l'industrie universelle; qu'elle partage ses faveurs, que la faculté productive du travail humain est, pour un produit déterminé, infiniment plus forte dans tel lieu que dans tel autre.

C'est ainsi que le soleil de la partie septentrionale de la zone torride, celui de la partie méridionale de la zone tempérée a le pouvoir d'évaporer les eaux chargées de sel des mers qui bordent ces parages. La nature y est une ouvrière aussi puissante qu'infatigable, elle y fait les frais de la fabrication du sel marin. Le travail de l'homme, celui du capital sont comparativement insignifiants, et quelle est la nation, qui saurait lutter, quant à cette industrie, avec les habitants de Mayo et de Bonavista, avec les Abyssins, les Portugais, les Espagnols et les autres peuples qui jouissent des mêmes faveurs? Mais la nature a-t-elle déshérité les parties septentrionales de l'Europe? Certainement non. Elle y fait pousser des arbres dont le faîte touche le ciel, elle y impose sa volonté suprême au sol et lui fait porter ces pins dont le bois fournit des flots de résine.

Il est à remarquer que la puissance naturelle varie de l'équateur aux tropiques, des tropiques aux cercles polaires.

Voulez-vous en acquérir la conviction? Placez-vous sous l'équateur et donnez-vous la peine de faire le tour du monde. N'allez point voyager en ligne directe, marchez en zigzag; dirigez-vous de l'équateur vers le pôle nord, du pôle nord vers le pôle sud; la ligne droite, quoique la plus courte et souvent la meilleure, n'est pas le bon chemin quand il s'agit d'explorer. Que les frais de voyage ne vous embarrassent point, la note de vos dépenses n'aura pas même l'importance de celle du plus petit secrétaire d'ambassade attaché à la plus petite mission. Quelques francs vous suffiront pour vous procurer un dictionnaire géographique et un globe terrestre ou tout autre monde en miniature. On voyage vite sur une carte et en huit jours, vous aurez accompli votre course.

Mais nous sommes des insensés, nous qui nous occupons sans cesse d'organiser le travail. La nature l'a tout organisé; il nous semble entendre sa voix puissante nous dire : ne vous donnez pas tant de peine, tout est fait; suivez-moi, ne cherchez pas ce que le moins clairvoyant même aperçoit, mais appliquez-vous à être plus justes. Sachez qu'il n'y a point de justice partielle, parce qu'il n'y a point de demi vertu ; donnez à chacun selon ses œuvres, et ne dépouillez pas surtout le petit nombre de ceux qui m'ont voué un culte, qui savent me deviner; ne volez personne, pas plus celui à qui j'ai accordé une de mes faveurs, que tout autre. Agissez envers lui comme vous agissez envers le favori de la fortune. Vous laissez la perle au plongeur qui a su la retirer du fond des eaux, et vous dépouillez celui qui, après de rudes travaux a dévoilé un de mes secrets! Soyez donc justes, et chacun de vous aura une place au soleil. Vos imbéciles mêmes n'auront point à se plaindre, j'ai le hasard à ma solde, je leur ferai faire de bonnes affaires pendant même qu'ils dormiront.

Suivons donc la nature, et soumettons-nous à cette puissance vive, immense, qui embrasse tout, qui anime tout, et qui, subordonnée à celle du premier Etre, n'a commencé d'agir que par son ordre, et n'agit encore que par son ordre ou son consentement. Cette puissance est, de la Puissance Divine, la partie qui se manifeste; c'est en même temps la cause et l'effet, le mode et la substance , le dessein et l'ouvrage : bien différente de l'art humain dont les productions ne sont que des ouvrages morts, la nature est elle-même un ouvrage perpétuellement vivant, un ouvrier sans cesse actif qui sait tout employer, qui, travaillant d'après soi-même, toujours sur le même fonds, bien loin de l'épuiser, le rend inépuisable : le temps, l'espace et la matière sont ses moyens, l'univers son objet, le mouvement et la vie son but.

Les effets de cette puissance sont les phénomènes du monde ; les ressorts qu'elle emploie sont des forces vives que l'espace et le temps peuvent mesurer et limiter sans jamais les détruire; des forces qui se balancent, qui se confondent, qui s'opposent les unes aux autres sans pouvoir s'anéantir : les unes pénètrent et transportent les corps, les autres les échauffent et les animent : l'attraction et la répulsion sont les deux principaux instruments de l'action sur les corps bruts; la chaleur et les molécules organiques vivantes sont les principes actifs qu'elle met en œuvre pour la formation et le développement des êtres organisés.

Avec de tels moyens que ne peut la nature?. Elle serait omnipotente, s'il lui était permis d'anéantir et de créer; mais Dieu s'est réservé ce pouvoir : anéantir et créer sont les deux attributs de la Toute-Puissance; altérer, changer, détruire, développer, renouveler, produire, sont les seuls droits qu'il ait voulu céder. Ministre de ses ordres irrévocables, dépositaire de ses immuables décrets, la nature ne s'écarte jamais des lois qui lui ont été prescrites; elle n'altère rien aux plans qui lui ont été tracés, et dans tous ses ouvrages, elle présente le sceau de l'Éternel : cette empreinte divine, prototype inaltérable des existences, est le modèle sur lequel elle opère, modèle dont tous les traits sont exprimés pour jamais, en caractères ineffaçables et profonds ; modèle toujours neuf, que le nombre des moules ou des copies, quelque infini qu'il soit, ne peut que produire. Tout a donc été créé et rien encore ne s'est anéanti ; la nature balance entre ces deux limites, sans jamais approcher ni de l'une ni de l'autre.

C'est dans ce sens que **Buffon** considère la nature et que le vocabulaire la définit. N'est-il pas clair après cette définition que le travail de l'homme doit être subordonné à celui de la nature et non le travail de la nature à celui de l'homme, ne sentons-nous pas que toute infraction à cette volonté divine nous est préjudiciable, constitue une faute que suit une punition immédiate, un délit punissable d'une amende que l'on ne saurait frauder, et dont l'importance est en proportion de la gravité du méfait.

Que l'on demande à l'horticulteur belge qui cultive l'oranger ce que lui coûte chaque fruit doré. Il répondra : le même prix que coûte une délicieuse orange au cultivateur calabrais, plus deux ou trois francs d'amende que j'ai payés pour avoir enfreint les lois de la nature.

Nous sommes loin de critiquer la présence de l'oranger ou de tout autre végétal des tropiques ou de la zone torride dans les jardins et les serres de l'horticulteur du nord, nous comprenons que l'amende qu'il paie est largement compensée par la possession et la culture de la plante exotique. Nous prévenons que nous envisageons la question uniquement sous le point de vue industriel.

Récapitulons, et disons que le travail, c'est la richesse ; que le travail de l'homme doit être subordonné à celui de la nature dont les lois ne sauraient être impunément violées. Dès lors, concluons qu'il doit entrer dans la politique de tout gouvernement de s'initier profondément dans la connaissance des facultés échues en partage aux contrées qui lui sont soumises, qu'il importe de donner à la direction des affaires une impulsion en harmonie avec cette volonté suprême de la nature.

On nous objectera, peut-être avec quelque raison, que l'exploitant est mieux à même que qui que ce soit de connaître les facultés productives de sa propriété, qu'il aura soin de ne pas s'exposer à l'amende que l'on encourt par une culture, une exploitation forcée. Mais ne perdons pas de vue que l'industrie est essentiellement égoïste, que la promulgation d'une loi inique, a le pouvoir, non de faire éluder l'amende, mais de la faire payer par le consommateur du produit et non par le producteur. Grâce à la science, l'industrie a ses avant-postes et ses sentinelles avancées, elle sait profiter des moindres fautes gouvernementales, pour les faire tourner à son profit. Que l'on prohibe le café dans les régions septentrionales du globe, et en quelques années, l'industrie appuyée sur la science produira, à force de travail et de capitaux, cette fève tropicale, mais elle récoltera du café cher, à quelques francs l'once.

Produire du café en Europe, dira-t-on, nous semble difficile. Mais n'a-t-on pas vu la science triompher de bien d'autres difficultés ? Avons-nous oublié que dans un procès devant la cour d'assises, un chimiste célèbre offrait d'extraire de l'arsenic du fauteuil de M. le Président, des membres de M. le Procureur-Général lui-même s'il avait bien voulu se prêter à l'opération analytique? On conviendra cependant que le magistrat le plus dodu ne semble pas une matière première bien propre à la fabrication de ce poison.

La science est partie intégrante de l'industrie, elle en est la pierre fondamentale, elle est le point d'appui de la production (*), c'est par elle que l'immensité de la nature se trouve partiellement dévoilée, c'est elle qui a arraché notre âme des ténèbres de l'ignorance pour nous faire voir, comme dit Montaigne, toutes choses hautes et basses, premières, dernières et moyennes. Toujours debout, elle explore sans cesse, tenace et courageuse par essence, elle livre volontiers bataille aux plus grandes difficultés. Habituée à la victoire, elle ne connaît point de retraite et quand elle recule c'est pour mieux franchir ; le travail et le temps sont ses armes, ses exploits ne s'arrêteront qu'à la ligne que Dieu a tracée, et sur laquelle il est écrit : *Personne ne passe ici*.

Il y a quelque analogie entre les devoirs d'un gouvernement et ceux qui incombent à un chef de ménage. Le père de famille est le gouverneur d'un petit état. S'il est éclairé, s'il comprend sa mission, il cherche à inspirer à ses enfants le goût du travail, il s'efforce

(*) *Des Richesses créées par l'Industrie et les Arts*. Chap. XIII.

de leur faire comprendre que le travail est la richesse, que l'oisiveté est la misère ; mais là n'est point la limite de ses devoirs : le cercle de ses attributions est plus large, il faut qu'il sache donner au travail une direction en harmonie avec les dispositions naturelles de chaque individu, et que le goût particulier d'un père ne décide point de l'avenir de son enfant. Rien n'est plus arbitraire que de dire : je veux que mon fils devienne avocat, peintre, musicien ; rien n'est plus impolitique, et cependant rien n'est moins rare. Mais pour faire un avocat, un peintre, un artiste, il faut de l'étoffe, il faut des dispositions naturelles, le goût, la vocation. On parviendra peut-être, à force de tordre la loi naturelle, à force de sacrifices, à ébaucher quelque chose qui ressemblera à un jurisconsulte ou à un artiste, mais en définitif on n'aura produit qu'un ergoteur assez épais, un barbouilleur ou un musicien médiocre, dont le travail sera stérile, tandis qu'on avait de quoi faire un brave militaire, un excellent négociant, ou un délicieux patissier. Le caractère des enfants doit être étudié, leurs penchants observés. Il se décèle toujours, pendant le cours de l'adolescence, des dispositions particulières, une prédilection pour certaines occupations. C'est selon cette préférence qu'il convient de diriger l'éducation, comme il convient à un gouvernement sage et éclairé d'étudier les qualités naturellement productives du pays, de diriger et de stimuler la production en ce sens.

CHAPITRE III.

De la solidarité industrielle.

Il est une vérité incontestable, mais qui passe assez généralement inaperçue ; nous voulons parler de l'espèce de solidarité qui existe entre les subdivisions de l'industrie en général. Nous avons traité ce sujet ailleurs (*), mais nous envisagions alors la question principalement sous le point de vue de la production nationale, et si à cette occasion, nous nous sommes permis de dire aux cultivateurs, aux manufacturiers, aux commerçants : unissez-vous, prêtez-vous un mutuel appui, vous êtes solidaires les uns des autres, resserrez les liens de l'intérêt commun. Aujourd'hui que nous traitons la question sous le point de vue politique, nous généraliserons, nous dirons que cette même solidarité est universelle et nous ne craignons pas de dire à tous les peuples du monde : cessez de vous voir du coin de l'œil, vos intérêts sont les mêmes; l'oisiveté, le commerce illicite sont vos ennemis; l'activité, le travail rationnel, celui qui vous est naturellement assigné, sont vos amis; haïssez les uns, aimez les autres, le bonheur du monde est à ce prix.

(*) *Des Richesses créées par l'Industrie et les Arts*, Chap. XX.

Prouvons-le par des exemples :

Supposons, lecteur, que je sois marchand nomade, que j'étale ma boutique au milieu d'une population oisive et fainéante soit de gré soit de force, mais naturellement pauvre parce qu'elle ne produit rien. Moi, je suis industriel et laborieux, cent caisses ont peine à contenir mes articles dont j'ai beaucoup trop pour mes propres besoins, je suis marchand du reste, je fais métier de l'échange, c'est de la marchandise de circulation qu'il me faut, de l'argent que j'échangerai, à mon tour, contre tels ou tels objets dont je manquerai. La population au contraire est en guénilles, elle n'a rien de tout ce que j'ai en abondance, mon étalage l'enchante, elle trouve mes robes, mes jupons, mes vestes et jusqu'à mes pantalons à carreaux, ravissants. Pas un mot de critique ne s'échappe de la foule, pas le moindre geste ne vient frapper mes regards, on me fait l'accueil le plus flatteur, le sourire est sur toutes les lèvres. Je me plaindrais à tort, si je me disais : il n'y a pas d'amateurs ici. Au contraire, il y en a beaucoup ; pas une dame qui ne brûle du désir de posséder une de mes robes, les amateurs de cotillons ne manquent pas, les messieurs ont grande envie de mes pantalons à carreaux, mais malheureusement ces braves gens n'ont pas d'argent et ne sauraient en avoir, parce que l'argent représente une valeur créée et échangée, et que la population fainéante, ou invalide par plaisir ou par force, n'a rien voulu ou pu créer. Que ferais-je, si je me trouvais à pareille foire ? Vous le devinez, j'emballerais, j'irais trouver une population moins enthousiaste peut-être de mes robes et de mes vestes, mais plus riche.

Supposons que je l'ai trouvée cette nouvelle population, elle a meilleure façon, elle est mieux habillée que la première, elle est laborieuse et industrielle et possède des produits et de l'argent. Mon étalage ne plaît plus tant, la foule est moins éprise, l'enthousiasme n'est pas général, on critique de la parole et du geste, et de jeunes écervelés me lancent de loin de ces épithètes, qui sonnent mal aux oreilles des marchands, mais la population est riche; elle fournit beaucoup moins d'amateurs, mais incomparablement plus d'acheteurs. Cette foire me convient évidemment mieux, et plus j'en rencontrerai de cette espèce, mieux je ferai mes affaires, et si je fréquente de préférence les localités qui ne produisent pas les articles que je tiens, il est probable que je réaliserai de bons bénéfices malgré la concurrence que pourraient me faire d'autres marchands qui, comme moi, fréquenteraient la foire.

Ainsi donc, l'existence de populations peu industrieuses, ne produisant rien, rend notre propre production moins lucrative, puisque ce manque de richesse chez autrui nous empêche de tirer parti de notre travail et si nous étions seuls industriels, notre industrie ne nous servirait à rien.

La supposition que nous venons de faire pour un seul marchand s'appliquerait avec la même vérité de nations à nations. Il ne suffit pas à un peuple d'être laborieux; ce n'est pas assez de produire, il faut pouvoir jouir de la production, ce qui ne peut avoir lieu que par l'échange.

Une nation est donc intéressée à ce que d'autres soient industrielles et riches, attendu qu'il lui importe de trouver à échanger les produits qu'elle a en abondance contre d'autres qui lui manquent, qu'elle ne saurait produire, ou bien qu'elle produit difficilement.

Ainsi l'industrie européenne doit applaudir, non-seulement aux succès industriels des divers états qui la composent, mais elle doit voir surtout avec plaisir l'industrie transatlantique se développer. Et en effet, un progrès survenu dans la culture du café, du sucre, du riz, de tout autre denrée coloniale exerce sur notre bien-être la plus heureuse influence. Un pareil événement est incontestablement favorable aux contrées productives, puisqu'il en résulte une augmentation de production et de richesse, mais il nous est également avantageux, puisqu'il nous permet d'acquérir à plus bas prix ce qui nous manque et de vendre plus facilement, plus favorablement les produits de nos industries. La raison en est palpable.

Recourons à un exemple :

Supposons qu'un négociant d'Anvers expédie cent barils de clous à Rio de Janeiro, il y échange sa marchandise contre de l'argent. Par des considérations quelconques, il trouve plus d'avantage à donner à son capital transformé d'abord en clous, puis en monnaie brésilienne, une nouvelle forme. Son industrie, le porte du reste à donner à la marchandise plus de valeur par le déplacement, il acquiert à Rio de Janeiro une denrée qui y abonde, qui est la plus offerte, et dont l'approvisionnement lui paraît insuffisant à Anvers. Nous admettrons que cette marchandise soit le café. Supposons que la résiliation de ses cent barils lui permette d'embarquer cinquante balles de café. Le voyage accompli, la marchandise est débarquée et déposée dans les magasins, en lieu et place des cent barils de clous.

Le résultat de cette première opération le porte à faire une deuxième expédition. Il achette encore cent barils de clous. La fabrication de cette marchandise n'a fait aucun progrès depuis le premier achat, rien n'a motivé une baisse ou une hausse dans l'article, il a payé ces derniers cent barils le même prix que les premiers, mais il se trouve, que dans l'intervalle, la culture du café a fait, dans l'empire brésilien, un progrès remarquable.

Demandons-nous d'abord quelles auront été les conséquences de ce progrès sous le point de vue de l'intérêt brésilien ? Elles sont faciles à saisir, le même capital, les mêmes peines auront procuré au planteur plus de produit qu'autrefois, l'excellente nature, se sera chargée d'accomplir une plus large partie du travail productif. Cette circonstance permettra au planteur de réaliser de plus grands bénéfices, tout en se montrant moins exigeant dans l'opération de l'échange, le prix du café baissera, la population brésilienne achetera à meilleur compte une matière qui fait partie de son alimentation journalière. Mais qu'est-ce que *acheter à meilleur compte?* C'est acquérir plus facilement, avec moins de peine, et s'il faut à un ouvrier brésilien une heure de travail pour gagner mille reis, et qu'il lui fallût autrefois payer pareille somme en acquittement de sa consommation journalière de café, on peut logiquement admettre que l'ouvrier brésilien cédait autrefois une heure de travail en retour de sa provision de café d'un jour. Aujourd'hui, au contraire, que le progrès supposé a fait baisser cette denrée, l'ouvrier en question ne sera plus tenu de payer une heure, mais seulement une demi-heure, trois quarts d'heure peut-être, sa provision de cette fève aromatique, il lui restera un quart d'heure qu'il appliquera à l'acquisition d'autres denrées nécessaires à la vie.

Cessons d'examiner les intérêts de la famille brésilienne, saisissons au passage les conséquences heureuses de l'amélioration supposée pour la population belge et revenons à notre expédition.

A l'arrivée de son deuxième envoi à Rio de Janeiro le négociant d'Anvers réalisera ses clous au même prix ou à peu près ; nous admettrons qu'ils obtienne la même quantité de monnaie brésilienne en retour de sa marchandise. Mais il trouvera le café déprécié et liquidation faite, il embarquera soixante-dix balles de café au lieu de cinquante. Il lui sera permis de réaliser à Anvers de plus gros bénéfices bien que vendant à meillenr compte. Quant à nous, consommateurs belges, nous trouverions, comme l'ouvrier brésilien, la satisfaction de désaltérer à meilleur compte nos femmes, nos enfants et nos cuisinières, si nos épiciers voulaient bien le permettre, or nous y gagnerions tous.

Si au négociant d'Anvers, vous préférez un Chinois, si au lieu de clous vous lui faites expédier du nanquin et au lieu d'acheter du café, au Brésil, vous lui faites faire provision de macaroni à Naples ; si au lieu d'admettre un progrès survenu dans la culture du café, il vous convient mieux de supposer un perfectionnement dans une fabrication quelconque, vous découvrirez les mêmes faits avec d'autres mots.

Ainsi, l'industrie est un grand corps qui, semblable au corps humain, forme un tout composé d'une infinité de parties, qui jouit du bien-être quand tous ses membres prospèrent, qui languit quand quelques-uns souffrent, qui est malade quand quelque muscle important est atteint, et que le monopole, l'agitation et l'émeute tueraient, si l'industrie n'était naturellement immortelle ; si, née avec la création, il lui était possible de rendre le dernier souffle avant la fin du monde.

Il existe en France une remarquable institution agricole, manufacturière et commerciale (*). Ceux qui en furent les fondateurs ont compris la solidarité industrielle. Le cultivateur y a son siège à côté de celui du manufacturier, en face de celui du commerçant. La science y est côte à côte avec l'industrie. La théorie et la pratique discutent dans la même enceinte. Mais cette réunion, est-elle composée uniquement de Français ? Non. L'académie a fait appel à toutes les intelligences, à tous les dévouements : « Fuyons, a-t-elle

(*) L'académie nationale, agricole, manufacturière et commerciale. Président M. Albert Montémont, secrétaire-général M. Aymar-Bression.

» dit, l'isolement, réunissons-nous; la vérité sera plus » forte, la lumière plus pénétrante, les conseils plus » féconds. »

Telles furent les idées fondamentales qui présidèrent à la fondation de l'académie. Elle est devenue un foyer commun où toutes les lumières viennent se concentrer, et pouvait-il en être autrement? Dépositaire de toutes les conceptions grandes et généreuses elle sera bientôt un phare immense qui projettera ses rayons sur tous les points du globe.

CHAPITRE IV.

Influence de la production immatérielle sur la production matérielle. — La politique diffère dans l'application, quant à la production immatérielle et quant à la production ordinaire.

Il est dans l'organisation sociale certains membres de la société qui, quoique ne produisant rien de matériel sont néanmoins d'une nécessité indispensable, et dont nous avons désigné la production sous la dénomination de produits immatériels (*).

Il entre dans les vues de la bonne politique de favoriser le développement de ce genre de productions.

En effet, le prêtre dont les paroles tendent à fortifier l'amour du bien, à combattre le penchant au mal; celui qui s'évertue à inculquer à l'homme, que de l'ivrognerie, de la fainéantise au crime il n'y a qu'un pas, n'est-il pas le sarcleur spirituel de mauvais herbes qui embarrassent le champ de la production? Qui mieux que le professeur le féconde et le dispose à produire? Les travaux du médecin ne visent-ils pas à l'étendre? Et quel rôle ne joue pas l'art musical? Il tient un des premiers rangs parmi les agents qui améliorent les mœurs. Cette vérité n'a pas échappé

(*) *Des Richesses créées par l'Industrie et les Arts*, chapitre XVI.

aux anciens. La politique de Platon et celle d'Aristote quoique manifestant des sentiments opposés, se confondent quant à la puissance de la musique. Elle était nécessaire dit encore le judicieux Polybe pour adoucir les mœurs des Arcades. Les habitants de Cynète qui la négligèrent, surpassaient en cruauté le reste des Grecs, nulle part il ne se commit plus de crimes.

Quoi de plus magique, en effet, que ces sons larges et harmonieux qui, résonnant sous les voûtes d'une église, semblent s'emparer de l'âme pour la transporter dans les régions célestes au milieu du concert des Anges!

La bonne musique excite au recueillement et séduit. Elle civilise l'ouvrier, elle électrise et anime le soldat, elle fait éclore l'amour du beau, elle rend l'homme plus laborieux, plus sensible, plus vertueux; c'est-à-dire meilleur. Le père de Montaigne réveillait son enfant au bruit de sons harmonieux.

La musique fait reposer l'esprit sans l'endormir; elle divertit l'homme et le prédispose au travail, elle fait naître en lui certaines dispositions qui le poussent à remplir les obligations sociales.

Passons aux travaux du jurisconsulte. Ses occupations, comme celles des notaires sont-elles stériles? Elles garantissent au créateur la possession de ses créations. L'homme serait-il laborieux, si la propriété de son œuvre pouvait lui être contestée, si le fort pouvait impunément dépouiller le faible? Qu'il nous soit permis de reproduire au sujet du notariat quelques lignes écrites par une des sommités du barreau belge.

« Le notariat, dit M. Massez, est une des institu-
» tions qui honorent le plus les sociétés modernes, et
» qui ont le plus contribué à polir et à adoucir les
» mœurs, à hâter les progrès de la civilisation euro-
» péenne. C'est à l'ombre de cette institution tutélaire
» que la paix repose au sein des familles et entre les
» particuliers; que l'agriculture, lorsqu'elle n'est pas
» troublée par les invasions de la guerre se livre avec
» confiance à ses travaux dont elle est assurée de
» recueillir les fruits, et que les arts affranchis du
» soin des affaires et des inquiétudes qu'elles don-
» nent, poursuivent sans relâche leurs créations ingé-
» nieuses.

» On ne voit plus se renouveler de nos jours ces
» haines de famille à famille, et ces querelles de voisins
» à voisins, qui dans les premiers temps de notre his-
» toire, se perpétuaient de génération en génération,
» ensanglantaient les champs dans la paix, et qui
» n'avaient d'autre cause que l'incertitude du témoi-
» gnage des hommes et des autres preuves judiciaires,
» sur lesquelles seules était assise la foi des engage-
» ments.

» Le notariat a produit un autre avantage, c'est de
» doubler les moyens du commerce, en donnant une
» plus grande garantie aux obligations civiles, et en
» fournissant le moyen de ne présenter que comme
» gage, mais comme un gage certain, des propriétés
» dont on conserve néanmoins la possession et la jouis-
» sance. Ainsi aux propriétés réelles se sont jointes
» les propriétés fictives, qui, jetées dans la circulation,

» ont alimenté l'industrie et ont accru, dans une pro-
» gression incroyable, la richesse des nations. »

On admettra que la production immatérielle influe sur la production matérielle et que le développement de la première, est favorable au développement de la dernière.

Mais, remarquons que la politique diffère dans l'application, quant à la production immatérielle et quant à production ordinaire, en ce sens, que la première est indépendante des climats et des lieux. L'intelligence est cosmopolite, elle est partie intégrante de la nature humaine éparpillée sur tous les points du globe; le monde entier est sa patrie. Le moraliste, le savant, l'administrateur, l'artiste sont viables partout où il est possible à l'homme de respirer, mais l'intelligence n'est que le fonds immatériel l'étude doit le féconder, et à cette condition, il produit la science, comme le travail du cultivateur féconde le sol et lui fait produire des fruits.

Les climats et les dispositions des lieux n'ont aucune influence sur la culture des arts, et des sciences, et en voici la preuve :

L'Europe n'en fut pas, de tous temps, le sanctuaire. Lespremiersastronomes habitaientla Chaldée. L'Egypte fut le berceau des mathématiques, les prêtres de Memphis enseignèrent au Phénicien Thalès, la géométrie et l'astronomie. L'école que fonda à Alexandrie l'immortel Euclide fut, pendant plusieurs siècles, la source où vinrent puiser les mathématiciens de toutes les nations connues. Les connaissances humaines pénetrèrent en Europe par la Grèce et l'Italie. Avant de fonder son école *italique* à Crotone, Pythagore à qui nous devons la démonstration du quarré de l'hypoténuse, avait vécu en Egypte et en Chaldée; son système du monde approchait, dit-on, de celui que créèrent dans la suite Copernic et Newton. De nombreuses découvertes sont attribuées aux anciens Arabes et aux Chinois. La nature des habitants de l'Arabie et de la Chine a-t-elle donc changé? Non, les Arabes sont toujours Bedouins on Bénégèbres, les Chinois sont toujours des Chinois, mais les sciences et les arts sont exigents, ils quittent les contrées qui leur refusent un culte et des sanctuaires, et, si les Européens et les Américains possèdent en général mieux la science que les Asiatiques et les Africains, la raison en est, que les gouvernements des premiers ont mieux apprécié les avantages à la production immatérielle que ceux des derniers.

Passons à la production matérielle: la politique à suivre, quant à cette production, diffère essentiellement de la première, en ce sens, que, si les facultés intellectuelles, peuvent exister partout les autres facultés productives qui composent l'industrie ne sont pas les mêmes en tous lieux, l'application des principes diffère donc de tel lieu à tel autre, l'agriculture quoique constituant l'industrie des champs prise dans son acception générale, n'a point une pratique générale. L'agriculture du midi de la France est différente quant à la pratique de celle des départements septentrionaux du même pays, cependant celui qui cultive l'olivier et la vigne est toujours agriculteur, comme celui qui récolte de l'orge, élève des vaches et bat le lait dans la barotte.

Mais occupons-nous des principes généraux de la politique, qui intéressent la production matérielle.

L'industrie représente quatre intelligences distinctes, quatre facultés différentes : celle du savant, celle de l'inventeur, celle de l'industriel et celle de l'ouvrier(*). Or, plus les dispositions gouvernementales tendront à faire acquérir un grand développement à chacune de ces parties constituantes, plus l'action créatrice de l'industrie deviendra efficace. Au contraire, plus les lois et les dispositions réglémentaires seront vicieuses, dirigeront la production dans la voie de la pratique anormale, plus la création des richesses sera bornée et l'industrie languissante.

Jetons un coup d'œil sur les mesures générales propres à opérer le développement dont il s'agit, et signalons, en même temps, les circonstances qui portent atteinte à ce développement.

(*) *Des Richesses créées par l'Industrie et les Arts*, Chap. XIII.

CHAPITRE V.

De la concurrence. — Nécessité de la marque de fabrique.

Avant de passer en revue les parties constitutives de l'industrie, avant de signaler les causes qui embarrassent le développement des éléments divers de la production, il convient de faire ressortir certaines vérités qui, assez généralement, passent inaperçues.

La valeur d'une chose est vague, indéterminée, variable. Elle se fixe par l'évaluation contradictoire qu'en font des intérêts opposés (*).

Voilà un fait. Mais jetons un coup d'œil rapide sur les considérations qui guident les parties dans la discussion qui précède l'opération estimative et tâchons de découvrir l'influence de ces considérations sur la fixation de la valeur.

Remarquons, que dans toute opération d'échange, il y a deux acheteurs et deux vendeurs ; en effet, celui que nous appelons communément l'acheteur, est en même temps vendeur de monnaie et celui que nous désignons sous le nom de vendeur, est à la fois acheteur d'argent.

(*) *Des Richesses créées par l'Industrie et les Arts.* Chap. IV.

L'intérêt est le point de mire commun aux deux parties. Les vendeurs cherchent à vendre le plus cher possible, les acheteurs s'efforcent d'acquérir à bon marché. Néanmoins le désir de réaliser fait naître, parmi les premiers, une certaine rivalité qui tend à les rendre moins exigeants dans l'opération de l'évaluation contradictoire; chacun, à cause du nombre immense de vendeurs, fait des concessions et des efforts afin d'obtenir la préférence des acheteurs. Mais cette même rivalité existe également du côté de ces derniers qui, en définitif, ne sont que des **VENDEURS DE MONNAIE**; et le désir d'arriver, de préférence à tout autre, à la possession d'un produit, exerce exactement la même influence que parmi les producteurs.

Les efforts résultant de cette rivalité qui existe entre les vendeurs et entre les acheteurs constituent ce que l'on appelle communément *la concurrence*.

Se présente-t-il plus d'amateurs d'un produit déterminé qu'il n'y a de ce produit en vente? l'action de la concurrence est plus active parmi les acheteurs que parmi les vendeurs, ces derniers en profitent dans la discussion de l'évaluation, les amateurs, afin d'acquérir, consentent à mieux rétribuer le travail en vertu duquel le produit existe, et l'article est ce que l'on appelle *à la hausse*. Le contraire arrive-t-il, y a-t-il plus de produits en vente que de demandes? la concurrence agit plus activement chez les vendeurs, et le travail en vertu duquel l'objet existe, est moins bien rétribué, quelquefois il l'est mal, et l'article est *à la baisse*.

Arrive-t-il qu'il y ait équilibre entre la production

et les besoins? la concurrence agit avec le même degré d'activité dans le camp des vendeurs et dans celui des acheteurs, et l'article est à son taux *normal.*

Lorsque la concurrence est plus active parmi les vendeurs que parmi les acheteurs, et que, par suite des concessions de ces premiers, certain travail est mal rétribué, elle donne lieu à la pratique d'une industrie que nous appelons *commerce de spéculation.*

Le spéculateur achette quand la denrée est à bas prix, c'est-à-dire lorsque le travail, en vertu duquel un produit déterminé existe, lui semble mal rétribué; lorsqu'il prévoit que des circonstances quelconques embarrasseront ou arrêteront la production, ou s'opposeront à la libre circulation et à l'approvisionnement convenable des marchés; ou bien, lorsqu'il entrevoit qu'une denrée va être frappée d'impôt.

Quoique l'impôt n'ajoute rien à l'utilité et à la valeur de l'objet sur lequel il pèse, il n'en est pas moins vrai que celui qui acquiert une denrée imposée, se trouve, en vertu de la loi, obligé d'acheter au fisc le droit de la consommer. Il est clair que le spéculateur, en achetant, avant l'imposition, pour opérer ses ventes après l'application de l'impôt, vient se mettre en lieu et place du fisc et vend, à la fois, à son profit, le droit de posséder et celui de consommer. Le commerce de spéculation consiste donc, sauf les cas d'imposition et de force majeure, à retirer du marché un produit mal rétribué, pour l'exposer de nouveau en vente, lorsque les circonstances le remettent en faveur. Mais, comme le travail mal rétribué diminue, que les bras s'appliquent de préférence à celui qui est le plus productif, il arrive que l'équilibre se rétablit assez vite entre la production et la consommation, et même, que les quantités produites sont quelquefois insuffisantes. Aussi, remarquons-nous souvent, que le délaissement d'une marchandise est suivi d'une demande plus active; que la denrée baisse aujourd'hui et reprend faveur plus tard. Il en résulte des fluctuations continuelles, qui, peu importantes en temps ordinaires, sont au contraire énormes, et ont des conséquences désastreuses lorsque l'horison politique est noir.

En temps de paix, les vaisseaux de l'industrie voguent sur une mer légèrement ondoyée et accomplissent paisiblement leurs voyages, mais le vent de la guerre, de l'émeute et de l'anarchie souffle-t-il sur l'Océan industriel, les vagues s'agitent, les vaisseaux de l'industrie s'entrechoquent et se brisent, et lorsqu'enfin le calme succède à l'orage, on ne voit qu'une mer hérissée de pavillons de détresse, qu'une rive jonchée de débris et de naufragés.

Nous venons de dire que le travail mal rétribué est momentanément moins actif et qu'il en résulte bientôt une amélioration, en faveur de la denrée, dans l'évaluation de la valeur. Une autre considération imprime à la marchandise délaissée un mouvement de hausse, c'est la concurrence même qui agit dans l'armée des spéculateurs.

Ainsi, l'action de la concurrence existe dans toutes les ramifications industrielles qui ne sont point soumises au monopole, elle existe à la fois parmi les vendeurs et parmi les acheteurs, elle tend à fixer la véritable valeur des denrées, c'est-à-dire, la rétribution juste et rationnelle du travail humain.

Mais, demandons-nous quels sont les efforts résultant de cette rivalité entre ceux qui veulent vendre et entre ceux qui veulent acheter? Avant de résoudre la question, nous constaterons que l'existence de tout produit a exigé la consommation d'objets antérieurement créés. La nouvelle valeur est-elle supérieure à celle qui a été consommée, nous dirons que la création est *positive.*

Au contraire, est-elle inférieure à la valeur consommée, la création est *négative.* Y a-t-il autant de valeur consommée que de valeur produite, la création n'est ni positive, ni négative, elle est *nulle.*

La création positive est, seule, le point de mire de l'industrie, puisque celle-ci n'est viable, qu'autant que la création qui en est l'objet satisfasse à certaines conditions (*). Ces vérités établies, il convient de rechercher la nature des efforts de la concurrence parmi les producteurs. Ces efforts sont de deux espèces. L'industriel afin de mériter la préférence s'évertue :

D'abord, à donner à l'objet de son travail le plus d'utilité, le plus de pouvoir, le plus d'agrément possible.

Ensuite, à restreindre l'importance de la consommation d'autres valeurs pendant la période de la production, en tenant compte toutefois, des qualités que

(*) *Des Richesses créées par l'Industrie et les Arts.* Chap. XII.

recherche l'acquéreur et qui influent sur la fixation de la valeur.

Ainsi, la concurrence parmi les producteurs, est l'âme de l'industrie et le principe le plus actif des progrès en général. Elle oblige le cultivateur à interroger le sol, à en étudier les qualités, à donner à l'exploitation une direction conforme à la volonté de la nature; elle impose au fabricant l'obligation de s'enquérir des goûts du consommateur, de donner au produit le plus d'utilité, le plus de vertus possibles; elle le force à ménager, dans l'œuvre de la création, les facultés productives du capital, de substituer à ces facultés, celles que la nature met à sa disposition et dont il use sans frais; elle oblige le commerçant à rechercher les marchés où la denrée est le plus dépréciée pour la diriger par la voie la plus économique sur tel autre point où le besoin s'en fait le plus sentir.

Mais, indépendamment de la concurrence résultant des efforts que font les individus qui exercent un même métier, il en est une autre née des efforts respectifs faits par les professions qui, toutes, concourent à satisfaire aux besoins de la société ; il y a lutte, non seulement entre les chapeliers, entre les fabricants de bonnets, mais il y a lutte entre les derniers et les premiers, comme entre tous ceux qui aspirent à nourrir, à vêtir, à loger ou à divertir la société. Il y a lutte même entre toutes les industries réunies, puisque toutes s'efforcent de tenter le consommateur et font jouer ces mille et un ressorts qui finissent par faire circuler la pièce de monnaie la plus sordidement gardée.

Et qui sont les vainqueurs dans cet immense tournoi universel? — Ceux qui savent le mieux substituer le travail de la nature à celui du capital. — Et qui sont les plus aptes à faire cette substitution? — Ceux qui savent apprécier les dons naturels qui leur sont échus. Mais comme la nature a éparpillé ses pouvoirs si variés sur tous les points du globe, qu'elle a fait, entre la matière, le partage des propriétés inhérentes, comme elle a distribué des aptitudes particulières parmi l'espèce humaine, il en résulte que celui qui est vaincu dans une partie est vainqueur dans l'autre. Les infirmes et les paresseux remportent parfois la palme: qui mieux que l'aveugle sait disposer les cordes de la harpe? Un paresseux occupe mieux qu'un homme vif et remuant la loge du portier.

Quoique le travail soit la richesse, le bien-être, l'ordre, un gouvernement ferait-il preuve de sagesse en s'efforçant de nationaliser indistinctement toutes les industries?.... Non, il agirait au contraire impolitiquement. Les conditions de bien-être n'exigent pas la possession d'une grande variété de produits par la production directe; une nation qui prétendrait créer indistinctement toutes choses, produirait désavantageusement, serait moins bien fournie que celle qui, active, et appréciant les propriétés naturelles dont elle dispose, produirait tout bonnement des moutons et de la laine.

Parmi les acheteurs, les efforts que fait la concurrence ne sont pas les mêmes que parmi les vendeurs.

Le pouvoir de l'argent est subordonné à la quantité. Or, le seul effort que l'acheteur puisse faire, consiste à offrir plus d'argent que ses concurrents, en échange de la possession d'un objet déterminé.

Résumons nous en disant que l'action de la concurrence, parmi les vendeurs, a une double tendance. La première est, de restreindre la consommation de la valeur qu'exige toute production; la seconde, d'abandonner au profit du consommateur, une partie de l'économie qui en résulte. Empressons nous de signaler cette vérité que la première ne meurt jamais, l'exploitant travaille sans relâche à économiser la faculté productive du capital; l'autre, au contraire, diminue à mesure que le produit, faisant l'objet d'une industrie quelconque, se rapproche de la création nulle, elle cesse naturellement lorsque, après avoir marché de concession en concession, la création va devenir négative.

La concurrence, parmi les acheteurs, tend au contraire à mieux rétribuer le travail, mais l'action en diminue insensiblement à mesure que le produit sur lequel elle agit est mieux rétribué. Et en effet, le désir, la possibilité même d'acquérir une denrée quelconque, diminue à mesure que le prix augmente.

Remarquons encore que, bien que la concurrence agisse d'une manière spéciale dans chacune des ramifications industrielles, elle a une grande influence sur toutes en général, elle remue toute l'armée industrielle, c'est-à-dire, que si les cordonniers se font concurrence, si les tailleurs rivalisent entre eux, la corporation des cordonniers n'en est pas moins en rivalité constante avec celle des tailleurs, avec celle des chapeliers. Toutes s'efforcent d'attirer l'œil de l'homme, chacun a les yeux braqués sur un point de mire commun, la bourse du consommateur.

Concluons donc, que les ressorts de la concurrence impriment à l'industrie un mouvement progressif, que cette rivalité, agissant à la fois dans le camp des vendeurs et dans celui des acheteurs, est, en quelque sorte, l'agent régulateur qui détermine la valeur réelle de toutes choses.

Ah ! s'écriera le commerce honnête, vous en parlez fort à votre aise ! l'expérience ne corrobore pas vos assertions et quoique vous en disiez, je trouve détestable ce qui vous semble si beau. Non, la concurrence est loin d'être un principe de vie industrielle. Adressez vous à quelque marchand de vin qui, honnête homme avant tout, s'obstine à ne pas vouloir vendre de l'eau gazeuse adroitement déguisée, pour de l'Aï-mousseux. Demandez lui comment vont ses affaires, il vous répondra : *la concurrence me tue.* Mais cet honnête industriel se trompe, il doit la stérilité de ses efforts, non à l'effet de la concurrence prise dans la véritable acception du mot, mais à l'effet de la concurrence qui fraude et frelate ; à l'existence tolérée de ce commerce illicite, exercé, non par la corporation véritablement industrielle, mais par des bandes de filoux mieux déguisés, plus insaisissables que l'espèce ordinaire. Et en effet, pourquoi notre marchand de vin ne réussirait-il pas, en présence de tant d'autres qui font fortune ?

Est-il moins actif? — Non. — Est-il moins adroit, moins intelligent? — Au contraire, il a le talent d'inspirer de l'intérêt à la pratique, il cause délicieusement, il possède des notions sur tout, il sait admirer un tableau chez le peintre, et se mettre en extase devant un oiseau chez le naturaliste. Il a dans son sac tous les bons tours du métier, et dispose, comme ses concurrents, des meilleurs crus du monde, mais il est évident que celui qui vend du vin et qui tient à livrer du vin, ne saurait lutter contre celui qui, professant en matière de commerce des idées larges et libérales, croit n'avoir rien à se reprocher, en envoyant à ses pratiques quelque breuvage artificiel imitant le vin, pour du véritable jus de la treille.

Il importe donc que l'industrie et la consommation soient délivrées, s'il est possible, de ce trafic dégoûtant parce qu'il est déloyal.

Mais *laissez faire*, diront les partisans de la liberté sans frein, de l'anarchie industrielle; le consommateur en profitera, seul, il lui appartient de juger le produit, il achette ce qui lui convient le mieux. Certes, nous ne voulons pas vous imposer d'acheter du vin quand il vous convient mieux de boire de l'eau rougie, mais nous tenons à ce qu'on ne vous livre pas de l'eau rougie quand vous croyez consciencieusement avoir acheté du vin. La société actuelle appose sur les monnaies des marques qui attestent le degré de pureté du métal et le poids des pièces, pour plus de garantie, elles portent l'effigie d'un souverain ou quelque emblème national; tout est mis en œuvre dans le but de prévenir la fraude, et le juge prononce des peines aussi sévères que flétrissantes contre quiconque aura méconnu la moindre volonté de la loi. Pour ce qui concerne les marchandises au contraire, sous prétexte qu'on est sensé avoir vu et examiné l'objet qu'on achette, la société laisse faire ! Pourquoi cette grande sollicitude exceptionnelle en faveur de l'argent ? La monnaie n'est elle pas une marchandise comme une autre ? Dès lors, la loi ne pourrait-elle pas imposer aux manufacturiers au moins une partie des obligations auxquelles se soumettent les gouvernements même les plus absolus ; et pourquoi ne m'en enverrait-elle pas les contrefacteurs en général habiter la demeure réservée aux malfaiteurs, comme elle envoïe aux galères les faussaires et les faux monnoyeurs ?

L'acheteur, dit-on, est juge du produit qu'il achette, il lui est permis de l'examiner minutieusement et s'il se décide enfin à l'acquérir, c'est parce qu'il croit le produit propre à remplir ses vues. Il est vrai que celui qui, se fiant à la bonne foi du marchand et cédant à des sollicitations réitérées, achette quelque vieux feutre habilement retapé, au prix courant des chapeaux de première qualité, aura jeté un coup d'œil sur cette coiffure trompeuse, avant de l'acquérir, mais aura-t-il pu la juger ? — certainement non, le plus habile ne saurait pas apprécier la valeur d'un vêtement quelconque sans l'avoir porté pendant quelques jours, au moins. C'est ainsi que le malheureux acheteur dont il est question n'aura pu émettre une opinion raisonnée, sur la valeur de l'acquisition, que lorsque les bords de sa coiffure cédant à l'action de quelques jours de brume, lui seront tombés sur les épaules. Ainsi, on est dupe d'abord et juge ensuite.

On nous objectera, que l'apposition de la marque de fabrique n'aurait pas empêché la décomposition du chapeau. L'observation est juste, mais il importe que la dupe connaisse le trompeur. Nous évitons soigneusement la pierre qui, une fois nous a fait trébucher.

Il importe que les parties soient bien renseignées dans l'évaluation contradictoire ou la discussion qui précède la transaction. Dans les conditions actuelles le vendeur, seul, est renseigné, il peut se fier à la marque de fabrique apposée sur les monnaies; l'acheteur, lui, doit s'en rapporter aux belles paroles du marchand intéressé à ce que la transaction se fasse.

Il n'est donc pas vrai de dire, que le système du *laisser faire* tel que veulent bien l'interpréter certaines personnes, soit favorable au consommateur, il est incontestable que celui qui paie deux francs un objet qui ne vaut que cinquante centimes, est dupe, tandis que celui qui paierait quatre francs un même objet qui vaudrait ce prix, n'aurait pas à se plaindre. On perd de vue que le commerce *frelateur* s'enrichit, non par la véritable création, mais par la surprise. Il exploite le public tout en tuant l'industrie honnête.

L'établissement de la marque de fabrique obligatoire parerait à toutes ces calamités, les mauvais produits disparaîtraient, les bons, au contraire, se multiplieraient, et l'industrie, soumise aux lois de la véritable concurrence, prospérerait au profit de la société entière.

Mais l'obligation de la marque de fabrique, demandera-t-on, ne constituerait-elle pas une mesure vexatoire, incompatible avec les idées modernes? — Cette objection est une application de la formule générale dont se servent indistinctement tous les intéressés au maintien du désordre, les lois les plus sages trouvent et trouveront toujours des détracteurs. Certes, la marque obligatoire encourrait la désapprobation des *frelateurs*. Ceux-là trouveront vexatoire et inconstitutionnelle toute mesure qui opposerait une barrière à la libre pratique de leurs turpitudes, et seront toujours les ennemis jurés de l'ordre industriel. Au fait, existe-t-il au monde un seul voleur qui chante la police? Les malfaiteurs trouvent les lieux obscurs bien préférables aux rues éclairées; en vertu de quel phénomène le commerce déloyal ferait-il exception à la règle?

L'industrie honnête, au contraire, étant composée de ces hommes qui mettent la paix d'une bonne conscience au-dessus de tout bien et qui, quoique courageux et intelligents, succombent aujourd'hui dans une lutte inégale, elle se soumettrait avec plaisir à cette mesure qui, du reste, lui serait toute de faveur.

La question de la marque de fabrique que nous agitons et que d'autres avant nous, ont traitée d'une manière plus spéciale, est digne de fixer l'attention sérieuse des gouvernements. Ami sincère de la liberté d'action de l'industie, nous sommes loin de vouloir la restreindre. Loin de nous l'idée de vouloir encombrer d'obstacles le chemin de la production, nous désirons, au contraire l'élargir, le niveler, le rendre plus sûr, et partant plus praticable, car nous sommes convaincu, que la liberté industrielle sans ordre, sans réglement, conduit à la ruine et à la misère.

CHAPITRE VI.

Des capitaux. — Des avantages de la circulation active des capitaux.

Bien que l'homme dispose gratuitement de toutes les propriétés naturelles, l'application de cette infinité de phénomènes à l'industrie exige le concours du capital. On ne cultive pas sans instruments aratoires; indépendamment de l'action de l'eau, du vent et de la vapeur, il faut au meunier un moulin convenablement instalé, au navigateur un navire complètement gréé. Il en résulte que la production a lieu en vertu du travail confondu et simultané du capital et des agents naturels. Mais le capital coûte à l'industrie, la nature, au contraire, prête gratuitement ses agents. Or, plus l'exploitant, quel qu'il soit, réussira à diminuer l'action du capital et à augmenter celle des agents naturels, plus il produira avec avantage.

Chaque conquête de ce genre constitue ainsi un véritable progrès industriel.

Autrefois, le grain se broyait sous des pierres mues par la force humaine. La farine existait alors, comme aujourd'hui, par le travail confondu et simultané de la nature et du capital, c'est-à-dire en vertu de la force naturelle des lois de la gravité et de l'impulsion donnée par la puissance humaine aux corps broyants, et par la valeur des pierres, et le salaire des travailleurs.

Plus tard, l'application de forces naturelles à la mouture exigea des combinaisons mécaniques, des moulins à manivelle, à roue hydraulique ou à ailes. L'installation et l'emploi de ces nouveaux appareils à moudre qui furent insensiblement perfectionnés, tout en augmentant l'importance du capital productif fixe, diminuèrent cependant d'une manière bien plus considérable le concours du capital productif qui se consomme en entier pendant l'œuvre de la production. Il en est résulté que la mouture moderne, tout en fournissant des farines probablement supérieures à celles d'autrefois, exige une consommation de produits infiniment moins grande que celle qui était indispensable lors des premiers temps de la société.

La concurrence avait indubitablement réduit à sa juste valeur la rétribution due au travail du meunier d'autrefois, ainsi qu'elle tend à rétribuer d'une manière convenable celui de nos meuniers d'aujourd'hui; mais, comme indépendamment de la rétribution que peut exiger tout industriel, le consommateur lui rembourse la totalité des valeurs détruites pendant la production, il est clair que les progrès survenus dans l'industrie dont il est question, quoique n'ayant en aucune façon diminué l'utilité de la farine, en ont cependant fait baisser la valeur relative au profit du consommateur et cela sans porter la moindre atteinte à l'importance de la valeur créée par l'industrie du meunier.

Cependant, l'exploitant qui réussit à faire faire à l'industrie un certain progrès dans le genre de celui que nous venons de signaler, acquiert le pouvoir de se soustraire partiellement à l'effet de la concurrence et a, pendant un certain laps de temps, l'avantage de se faire mieux rétribuer. Néanmoins, le désir de réaliser, de préférence à tout autre concurrent, le porte à abandonner au profit du consommateur, une part des avantages qui en résultent, part qui s'accroît naturellement à mesure que d'autres exploitants, ses rivaux en industrie, parviennent, à leur tour, à produire tout aussi bien et aussi économiquement. Alors il lui devient impossible de se soustraire à aucun des effets de la concurrence, et la société entière profite, en définitive, de tous les avantages résultant des progrès en général.

Le taux de l'intérêt représente dans la distribution de la valeur créée, la part qui revient au capital productif. Cet intérêt, ainsi que la détérioration survenue au capital productif fixe, fait partie des valeurs consommées d'une manière reproductive; or, plus les *engins* d'une exploitation auront de pouvoir, plus ils seront simples, et plus on produira avantageusement. Cette considération explique le bénéfice donné par la simplicité des machines, puisque, indépendamment de la facilité qu'elles introduisent dans le travail, elles sont moins coûteuses, elles diminuent l'importance du capital productif fixe et en restreignent l'intérêt et l'usé qui font partie, ainsi que nous venons de le faire remarquer, des valeurs consommées pendant la période de la production. Il importe de signaler une autre considération.

La part de la création, communément attribuée aux services du capital, est calculée en raison d'une unité de temps. On prête ou on emprunte, à certaines conditions : au mois ou à l'année. Or, si l'activité imprimée au capital est grande pendant le cours de cette unité de temps, la redevance qui lui est attribuée se trouve répartie sur plus de produits. C'est en vertu de cette considération que le cultivateur s'efforce de ne pas laisser inculte un pouce de terrain, qu'il fait autant que possible deux récoltes dans un temps déterminé ; c'est encore par la même raison que le manufacturier voit avec plaisir fumer la cheminée de son usine, sa machine à vapeur convenablement chargée ; qu'il entend volontiers toutes ses broches ronfler. C'est encore par la même raison que le commerce de transport attache beaucoup d'importance au degré de vitesse inhérent aux véhicules dont il dispose.

La division du travail a donné naissance à cette infinité de branches industrielles qui, toutes ensemble, constituent l'industrie, mais cette même séparation d'occupations existe encore dans chacune de ces ramifications en particulier; nous avons décrit ailleurs les avantages qni en résultent (*). Le vêtement de lin que nous portons représente les œuvres réunies d'une infinité de travailleurs appartenant à des métiers différents. Le cultivateur a récoltlé et souvent donné une première

(*) *Des Richesses créées par l'Industrie et les Arts*. Chap. XV.

préparation à la matière brute. Il l'a vendue aussitôt qu'il lui a été possible, au marchand en gros ; celui-ci, à son tour, a dû la confier sans retard aux différents manufacturiers qui en ont fait des fils, puis des tissus pour les échanger dans le plus bref délai contre les écus du marchand détaillant et celui-ci n'a eu rien de plus empressé que de les livrer à la consommation.

Il est évident que la circulation rapide du produit aura été favorable à la production, puisque cette circonstance aura rendu le service du capital plus actif dans chacune des branches industrielles par où il a dû passer avant d'être présenté à la consommation avec les conditions et les qualités indispensables à un bon vêtement.

Mais indépendamment des motifs que nous venons d'énoncer, il en est un autre qui vient militer en faveur de l'activité de la circulation des capitaux.

Le travail de l'industriel doit lui procurer, au moins, les moyens de pourvoir aux besoins de la vie, et, remarquons que ceux-ci sont en raison du temps. S'il faut au cordonnier, pour son entretien et celui de sa famille, une somme de quatorze francs par semaine, et que la façon qu'il donne au cuir lui soit communément rétribuée à raison de deux francs par paire de souliers, il est clair que l'activité de la circulation des capitaux, au point de vue du cordonnier, doit tout au moins, lui permettre de fournir à ses pratiques une paire de chaussures par jour ; un débouché plus restreint lui imposerait des privations d'abord, la misère ensuite, à moins que la pratique ne consentît à mieux rétribuer son travail, chose qui ne peut se faire en présence des lois de la concurrence. Au contraire, si la circulation des capitaux était assez forte pour qu'il lui fût possible de réaliser dix paires de souliers par semaine, il est évident que la rétribution hebdomadaire qu'il percevrait dépasserait ses besoins, de six francs. — Cette circonstance le mettrait nécessairement plus à son aise, lui procurerait les moyens de mieux subvenir à son entretien, tout en lui permettant de faire une certaine concession, en faveur de la consommation, dans l'évaluation de la valeur de son travail.

Il découle de ce que nous venons de dire, que l'activité de la circulation des capitaux (et nous entendons par capital, non seulement la monnaie, mais toutes les valeurs quelconques), est favorable, tant à la production qu'aux intérêts de la consommation.

Il y a donc deux manières bien distinctes de faire faire des progrès à l'industrie. La première consiste à diminuer la valeur relative, l'importance numérique du capital productif, en substituant à son action celui des agents naturels; la deuxième, en multipliant le pouvoir productif du capital par l'activité de la circulation. La première manière est dépendante du pouvoir plus ou moins grand de la science; la deuxième est soumise aux circonstances qui développent ou restreignent le pouvoir de consommer.

Mais la consommation individuelle dépend de la production individuelle; celui qui ne produit rien ne peut rien consommer. Nous nous trouvons encore ici, face à face avec la question de la solidarité industrielle. Comment voulez-vous que l'armateur achette vos fers, vos cristaux, vos tissus, quand des circonstances indépendantes de sa volonté embarrassent l'industrie nautique? Le manufacturier peut-il consommer, autant qu'il le voudrait, vos houilles et vos autres matières brutes, lorsque des lois humaines viennent maladroitement contrecarrer les lois de la nature lesquelles émanent de Dieu même ? Est-il raisonnable d'exiger que le pêcheur achette vos denrées, quand des lois et quelquefois l'esprit fiscal et l'intérêt mal compris des villes, repoussent ses produits, trophées vivants de ses conquêtes sur l'Océan!

Ce que nous venons de dire est encore vrai de nation à nation. Nous est-il possible, à nous Belges, de savourer aussi souvent que nous le voudrions les vins exquis des pays vignicoles; avons-nous le pouvoir de parer nos femmes de velours de Lyon, de mousseline de Tarare, de placer sur les têtes de nos fraîches Flamandes ces bonnets et ces gracieuses coiffures que fait seule, l'industrie parisienne, si, repoussant nos produits, le monde enchaîne notre ardeur industrielle!

L'intérêt du monde en général exige que les gouvernements s'entendent, qu'ils concluent entre eux de bons traités, non de ces contrats qui n'ont aucune durée parce qu'ils ne stipulent point une juste réciprocité, mais de ces pactes solides, seuls durables, parce qu'ils sont basés sur l'intérêt commun des parties.

Si l'industrie a des devoirsà remplir, si la concurrence force d'être actif et économe, la bonne politique impose aux gouvernements de grandes obligations. Ils doivent, non-seulement faciliter la production à l'intérieur, mais il importe au bien-être de tous, qu'ils s'entendent, qu'ils s'efforcent ensemble d'élargir, autant qu'il est possible, le cercle des débouchés.

Et pourquoi les gouvernements, composés en général des sommités intellectuelles des pays, ne pourraient-ils pas s'accorder sur des questions d'intérêt mutuel que la classe des artisans même sait apprécier ? En effet, le tailleur achette volontiers, du pain au boulanger qu'il habille, sans autre mobile que l'intérêt propre; le chapelier commande, de préférence, un habit au tailleur qu'il coiffe.

CHAPITRE VII.

Des droits de la propriété intellectuelle des auteurs et des inventeurs.

La matière existe en vertu de la création, en vertu de ce pouvoir sans bornes qui constitue les attributs de la Toute-Puissance.

Mais, si Dieu s'est réservé le pouvoir de créer la matière, il a permis à l'homme de l'altérer, de la diviser, de lui donner des formes. Il a investi la nature d'une faculté d'action immense. Travaille, lui a-t-il dit, suivant mes ordres, que ma créature de prédilection profite de cette force prodigieuse que je te donne, aide-la à diviser, à transformer et à façonner. Si je veux que l'homme travaille, je veux aussi que le travail lui procure le bien-être.

Ainsi, Dieu seul a créé la matière, il nous a permis, non-seulement de la travailler, mais il nous a gratifié, à cette fin, d'un auxiliaire puissant, dont la force est inaltérable. Qu'exige-t-il en retour de ces bienfaits? Que nous soyons justes. Il nous a donné l'intelligence et la raison : nous savons distinguer le bien du mal, or, celui qui s'approprie l'œuvre d'autrui, agit sciemment en opposition avec la volonté divine et enfreint les ordres du Créateur.

Nous sommes convenus d'appeler *Industrie*, ce travail continuel de l'espèce humaine qui lui procure, en retour, les nécessités et les commodités de la vie.

Mais en soumettant l'industrie à l'action de l'analyse, nous reconnaissons qu'elle renferme en elle le travail de quatre intelligences distinctes, de quatre facultés différentes : celle du savant, celle de l'inventeur, celle de l'industriel et celle de l'ouvrier (*). Tout produit matériel n'est donc que de la matière travaillée, à l'aide de la nature, par le concours mutuel de ces quatre facultés. Nous ne serons donc en harmonie avec la volonté divine, qu'autant que toute valeur créée soit distribuée entre ces quatre producteurs et de telle manière que chacun ait selon ses œuvres.

En considération de cette qualité inhérente à la nature humaine qui fait que l'homme libre ne donne un plein essor à ses facultés productives, qu'autant que la possession ou la contre-valeur du produit qu'il crée lui soit garantie, ne doit-il pas entrer dans les principes généraux de la bonne politique de veiller à ce que cette justice distributive ait son cours naturel. Cette ligne de conduite serait au moins rationnelle. Tout système qui reposerait sur d'autres bases ne serait qu'une utopie, car il faut que le système soit fait pour l'homme, puisque l'homme ne peut être fait

(*) *Des Richesses créées par l'Industrie et les Arts.* Chap. XIII.

pour le système ; soutenir le contraire, serait une absurdité sans nom.

Voyons ce qui se passe au XIXe siècle que nous décorons du titre pompeux de siècle de lumières et de progrès.

La science, avons-nous dit, est le fondement, le point d'appui de la production. Dès lors, il est incontestable qu'une partie de la valeur créée doit appartenir au travailleur de la pensée ; mais il n'en est pas ainsi. Comme citoyen, l'écrivain appartient à une nation quelconque, comme travailleur il appartient à toutes, cependant toutes l'abandonnent, et beaucoup d'auteurs s'en vont mourir à l'hôpital. Les plus acharnés protectionnistes n'ont jamais songé à protéger cette espèce de travail national, la science est libre à l'entrée, il est vrai qu'elle est insaisissable et, qu'à tel *exercice*, le plus rusé douanier n'y verrait goutte.

Pour être conséquents avec eux-mêmes, les protectionnistes auraient dû prohiber l'esprit étranger, sous prétexte de protéger l'esprit indigène, car en définitif, la production intellectuelle est une production comme une autre ; on n'écrit pas sans étudier, sans faire de longues recherches ; avant de livrer une œuvre quelconque à l'impression, puis au public, l'auteur la repasse ; il la juge lui-même sévèrement afin d'éviter une critique trop mordante. L'action d'écrire renferme même un travail manuel, elle constitue donc aussi un travail national, une industrie qui en fait vivre d'autres, et nous ne craignons pas de dire, que le tailleur le plus paresseux aurait plus vite confectionné un habillement complet, que l'auteur le plus érudit et le plus adroit n'aurait écrit un livre de vingt pages.

Mais quels sont les motifs qui ont pu porter les protectionnistes à mettre la production immatérielle en dehors de la loi commune ? Ces Messieurs seraient-ils communistes par hasard ? Le fait est, que l'homme s'approprie volontiers le bien d'autrui. Serait-ce la difficulté d'empêcher la fraude qui les aurait guidés ? Cette difficulté existe. En effet, comment s'opposer à l'infiltration de l'esprit. Rien ne serait plus facile que de le faire passer dans les livres. On pourrait prohiber les livres, dira-t-on, mais alors on introduirait la science dans son enveloppe naturelle.

Il n'entre pas dans nos vues de blâmer le système large suivi, quant à la production intellectuelle, par ceux qui sont le plus atteints de la fièvre prohibitive, mais nous voudrions voir ces doctrinaires plus conséquents avec eux-mêmes.

Quoiqu'il en soit, un livre paraît-il quelque part, on le réimprime en mille lieux au-delà de la frontière. L'auteur n'a rien à y voir, la contrefaçon est généralement permise, elle alimente, dit-on, le travail national ; cela s'appelle en argot de contrefacteur, *faire marcher l'imprimerie.* Les voleurs ne disent jamais : nous volons sur la grande route, il est de meilleur ton de dire : *nous filons sur le trimar.*

D'autres partisans de la contrefaçon disent : En effet, le vol de la production intellectuelle est une spoliation comme une autre, mais il n'y a pas de mal, on ne dépouille en définitif que des étrangers. Mais si vous ne voyez aucun mal à dévaliser l'étranger, pourquoi protégez-vous celui qui circule sur vos chemins de fer? — Vous plaisantez, dira-t-on, ils n'y seraient pris qu'une fois; les auteurs au contraire écriront toujours. Ainsi, vous ne tenez aucun compte de ce septième commandement de la loi divine qui dit : *Le bien d'autrui tu ne prendras*, excepté quand vous ne pouvez faire autrement. Ce n'est pas la voix de la conscience qui vous retient, vous croyez pouvoir enfreindre cette loi, lorsque l'occasion vous paraît bonne, lorsque la main du gendarme ne peut pas vous atteindre!

D'autres viendront vous dire : le poète n'est pas intéressé, sa couronne de lauriers lui suffit. Cette couronne est en effet une belle et gracieuse coiffure, mais elle est bien légère en hiver.

Ainsi, toutes les considérations que l'on s'efforce d'émettre en faveur de la contrefaçon sont erronées. Nous soutenons même, que la contrefaçon, au lieu d'être favorable à l'imprimerie, lui est défavorable. Voici comment : dans les États dont la population est restreinte, il se présente peu d'écrivains, parce que l'auteur, perdant au-delà de la frontière, la propriété de son œuvre, la rétribution qu'il est en droit d'exiger à l'intérieur, loin de compenser la valeur du temps sacrifié, ne couvre pas toujours les frais d'impression. Il en résulte que, dans les États de second ordre, bien des personnes renoncent à publier les fruits de leur expérience et de leurs études. Dans les grands États au contraire, la population y est plus importante, les lecteurs y sont moins rares, l'auteur mieux rétribué. Aussi remarquons-nous, que les grands États possèdent, comparativement, plus d'écrivains que les petits; les uns et les autres en compteraient assurément davantage, si la propriété intellectuelle était universellement garantie.

La contrefaçon fait marcher l'imprimerie, dit-on, mais on oublie de dire qu'elle ruine l'imprimeur. En Belgique, par exemple, où deux mille exemplaires d'un ouvrage suffiraient, on en imprime, en divers ateliers, jusqu'à dix mille, il en résulte que huit mille excellents livres passent du libraire à l'épicier, à moins qu'on ne veuille en faire l'expédition aux colonies de Vera-Paz, de Ste-Catherine ou de la Côte de Guinée où les cabinets de lecture semblent être encore bien rares.

La création n'a lieu qu'en vertu d'une consommation quelconque. L'imprimeur consomme du papier, de l'encre et des machines, le travail de ses compapagnons et le sien propre, mais comme le plus fanatique bibliomane attache peu de prix à la possession en double de n'importe quel livre, il s'en suit, que l'exubérance de la production diminue la valeur créée et que souvent, celle-ci n'atteint pas même la valeur consommée.

En résumé, disons que le droit de la propriété intellectuelle existe, mais qu'il est violé. Quoique le petit coin de terre qui a produit un grand écrivain, revendique, à juste titre, une partie de sa gloire, il n'en est pas moins vrai que le travailleur de la pensée appartient au monde entier. Il incombe donc à tous les gouvernements de faire respecter les droits d'un enfant qu'ils ont en commun. Le redressement d'un grief de cette importance serait chose digne du XIX. siècle, et justifierait, au moins partiellement, le titre dont nous voulons bien, en l'honneur de notre propre gloire, le décorer nous-mêmes.

En présence de cette vérité incontestable, que la production immatérielle exerce une grande influence sur la production en général, il est certain que l'adoption d'une pareille mesure aurait de bien heureuses conséquences. Elle serait même favorable aux imprimeurs, et en effet, si la propriété littéraire était universellement garantie, il y aurait plus d'écrivains; s'il était enjoint à tous les typographes d'être munis d'un acte quelconque émanant de l'auteur, il en résulterait qu'ils seraient, eux-mêmes mieux renseignés, qu'ils n'iraient pas, en fait de publication, au-delà des besoins. Il ne se produirait plus d'énormes quantités d'ouvrages identiquement les mêmes, la presse n'en serait pas moins active, mais les productions seraient incomparablement plus variées.

Occupons nous un moment de la deuxième faculté productive de l'industrie.

La science est la connaissance certaine et évidente des choses par leurs causes. Il est très-agréable de connaitre à fond les lois du mouvement, celles de l'équilibre des forces mouvantes, etc., mais il est fort utile de savoir les disposer de manière à les rendre ouvrières. Une société uniquement composée de savants serait incontestablement très-instructive et trèsdivertissante; mais elle serait incomplète. Après la science on en vient à l'application. Le savant découvre, explique les faits, l'inventeur les combine, les coordonne, les attelle au char de la production.

Cette deuxième partie intégrante de l'industrie est donc également digne de la sollicitude de l'homme d'Etat. Les inventions de moyens expéditifs de travail intéressent le monde entier, elles agissent même, d'une manière indirecte, sur le bien-être des contrées qui ne sauraient pas les mettre en pratique. Le Chapitre III en fournit la preuve.

Les mêmes raisonnements que nous avons employés en traitant de la contrefaçon d'œuvres littéraires sont applicables à la question dont il s'agit. Garantissez à chacun le produit de son travail et les inventions surgiront de toutes parts. Mais, ici encore, la législation est incomplète.

Il est vrai que, dans beaucoup de pays, on délivre des brevets octroyant certains droits à ceux qui parviennent à créer une nouvelle combinaison mécanique, mais on exige, en retour de cette protection, plutôt fictive que réelle, des sacrifices qui opposent un obstacle au développement de la faculté inventive. Il semblerait que le législateur, en proie à ces idées ultramontaines qui font considérer les inventions nouvelles comme autant de calamités, ait sérieusement songé à comprimer le génie inventif, tout en ayant l'air d'étendre sur lui une main protectrice.

S'il est vrai que le système en vigueur soit contraire aux progrès de la science, il est encore incontestable que la législation, assez généralement admise en matière de brevets, embarrasse la marche de la faculté inventive. Si le savant est dupe, l'inventeur l'est davantage. Voici comment :

Toute production a exigé une consommation quelconque. Or, celui à qui on enlève son produit perd, tout au moins, la consommation à laquelle la création du produit a donné lieu.

Tachons d'énumérer la valeur capitale détruite par l'auteur et par l'inventeur.

L'écrivain ne s'improvise pas, il n'a point puisé la science, comme le porteur d'eau puise à la fontaine, l'objet de son commerce. L'éducation qu'il a reçue, les choses qu'il a consommées pendant le cours de ses études, représentent un capital quelconque, qu'il convient de considérer comme ayant été placé à fonds perdu sur sa tête et à son profit, il est juste qu'il lui en soit tenu compte (*).

En second lieu, l'auteur consomme, pendant le cours de la création de son œuvre, une autre valeur. Il faut qu'il satisfasse tout au moins aux exigences de la vie. La nourriture qu'il prend, le vêtement qui le couvre, le toit sous lequel il s'abrite ne lui sont acquis qu'à certaines conditions.

Troisièmement. Il est astreint à payer toutes les parties matérielles qui constituent un livre ou un manuscrit.

La valeur capitale détruite par l'inventeur, peut

(*) *Des richesses créées par l'Industrie et les Arts*. Chap. XVII.

être évaluée à la même chose, quant aux deux premières parties, la troisième au contraire, celle qui est formée par la dépense matérielle qu'a exigée la création de l'objet inventé, est infiniment plus importante. En effet, il ne s'agit plus ici d'un achat insignifiant de papier, de plumes et d'encre; la machine la plus simple exige le concours de plusieurs espèces d'ouvriers et donne lieu à une dépense souvent considérable. Ajoutons que la première conception mécanique est généralement imparfaite, les changements sont inévitables et les frais de construction toujours plus importants qu'on ne le pense.

En 1530, Jurgen, bourgeois de Brunswick, inventa le rouet. Cette petite machine, aujourd'hui si simple, coûta plus à l'inventeur que ne coûteraient, de nos jours, tous les rouets du village le plus impôrtant des deux Flandres.

Un homme d'une intelligence remarquable, doué d'un esprit inventif et d'une persévérance extraordinaire naquit à Lyon vers le milieu du siècle passé, sa vie ne fut qu'une longue expérience sur l'art de tisser, il fit la prospérité de sa ville natale, il élargit l'auréole de la gloire française, et cependant Jacquart mourut dans la misère à l'âge de 82 ans. Les premières tentatives de Guttemberg furent désastreuses et ruinèrent celui à qui nous devons l'imprimerie!

La vie de l'inventeur est parsemée d'épines. Beaucoup de ces hommes ingénieux succombent avant d'avoir atteint le but, ou l'atteignent les mains vides et la santé épuisée. Au lieu de jouir d'une vieillesse douce et tranquille, l'inventeur trouve parfois, au bout de sa carrière, dénuement et misère. Souvent, aucune avanie ne lui est épargnée, l'âne, lui-même, vient parfois se ruer contre le lion expirant !

Il est vrai, bien des pays accordent à l'inventeur pour un terme de cinq, dix ou quinze ans et contre payement d'une certaine somme, le droit de propriété de l'invention, mais ce droit est pour ainsi dire illusoire, le bouclier législatif qui semble protéger la ruche des inventeurs, n'est, pour ainsi dire, qu'un simple filet à larges mailles incapable d'arrêter les guêpes et les frelons de l'industrie.

Mais un monopole de cinq, dix ou quinze ans est une faveur bien grande, diront ceux qui n'ont jamais vu un atelier et qui parlent d'industrie comme un aveugle des couleurs. Ils ignorent, ceux-là, que la machine inventée est toujours plus ou moins incomplète et défectueuse, le terme déterminé par le brevet se passe, le plus souvent, en expériences en chômages nécessités par les changements; il faut du temps pour former les ouvriers, et l'expérience prouve que les premières années de l'exploitation des meilleures machines sont rarement productives, elles absorbent, au contraire, assez généralement des capitaux qui se reproduiraient assurément, si la loi ne venait y mettre obstacle et ne proclamait brusquement le breveté déchu de ses droits.

D'autres vous diront : sachez que le monopole équivaut à un impôt à prélever sur la société. Cette objection est absurde dans l'espèce. En effet, ou l'invention donne lieu à une production entièrement nouvelle, ou pouvant remplacer un autre produit, ou bien, des produits similaires existaient déjà. Dans le premier cas, l'invention est utile, en ce sens, qu'elle offre à la société un produit autrefois inconnu. Mais, dira-t-on, l'inventeur ou ses ayant-droit feront payer le produit au-dessus de sa valeur. Nous répliquerons que l'acheteur donne la préférence à l'objet qui lui convient le mieux, il a son libre arbitre, rien ne lui échappe dans l'opération estimative, il analyse le produit et tient compte, tant de la valeur intrinsèque que des difficultés de l'exécution, et s'il consent à payer, à ce que l'on appelle un prix élevé, un produit dont la substance matérielle a peu de valeur, c'est parce qu'il croit que le génie de l'inventeur où celui de l'ouvrier a droit, dans ce cas, à une rétribution plus qu'ordinaire.

Ne perdons pas de vue, du reste, que la société ayant existé avant l'invention du nouveau produit, celui-ci, quelque extraordinaire qu'il puisse être, n'est jamais d'une rigoureuse nécessité ; il ne constitue en tout cas, qu'un objet de pur agrément, capable d'ajouter aux commodités ou aux plaisirs de la vie. Or, l'inventeur qui tiendrait le produit de son invention à un prix démesuré, le garderait, et perdrait indubitablement le fruit de ses peines. Il serait en définitif, plus attrapé que la société.

Il n'est aucun industriel qui ne sache qu'un produit de fantaisie et de pur agrément, tenu à un prix exorbitant, ne se vend pas. Le plus borné des marchands n'ignore pas que les petits bénéfices souvent répétés, font somme; que la vente peu lucrative, mais régulière et suivie, est plus avantageuse que les placements rares à bénéfice même considérable; l'expérience d'un jour fait comprendre au plus inepte les avantages qui résultent de l'activité de la circulation des capitaux.

S'agit-il d'une invention donnant lieu à un produit propre à en remplacer un autre, l'invention est encore utile à la société, puisqu'il en résulte un plus grand choix d'articles similaires ou d'objets pouvant satisfaire le même goût, le même besoin. Elle alimente, par cela même, l'émulation, cette vertu productive; elle donne le jour à cette rivalité entre certains produits, principal mobile des progrès industriels.

S'agit-il d'une combinaison mécanique qui permette de fabriquer, d'après un nouveau système, un produit connu, quel mal pourrait-il résulter du monopole de la nouvelle machine, accordé à l'inventeur? De deux choses l'une, ou le produit fabriqué par les moyens nouveaux offre autant ou plus de qualités que celui qui existe par les anciens moyens, ou il en offre moins. Dans le premier cas, le consommateur en profitera, il aura tout ou moins la faculté d'acquérir ce que lui convient le mieux; dans le second cas, la combinaison nouvelle, quoique mauvaise, aura néanmoins la vertu de réveiller l'ancienne industrie, comme l'aiguillon excite le coursier qui, quoique plein de vie et de force, se relâche au beau milieu de sa course.

Le monopole effraie à juste titre, mais telle substance qui donne ordinairement la mort est parfois un médicament. Concéder à quelqu'un le monopole de la fabrication de la farine serait assurément une mesure bien funeste et incontestablement très-impolitique, puisqu'elle ne tendrait à rien moins qu'à détruire la liberté d'action qui est une condition indispensable à l'évaluation contradictoire qui précède la fixation de la valeur, mais nous ne voyons aucun inconvénient, à ce que la loi accorde à l'inventeur le monopole de telle ou telle autre combinaison nouvelle, propre à réduire les grains en farines. En définitif, le propriétaire foncier, n'a-t-il point le monopole de l'exploitation de sa terre? Et ne trouvons-nous pas que cette circonstance est favorable à la production, tandis que le monopole de la production d'une céréale quelconque, serait-on ne peut plus contraire à l'intérêt général.

La propriété matérielle et la propriété foncière représentent évidemment une reproduction quelconque de valeurs détruites, une accumulation de travaux accomplis (*). La société respecte les droits du propriétaire, elle a raison, elle les considère comme sacrés, elle les transmet aux héritiers, elle permet les ventes définitives et les cessions à bail. Mais la production intellectuelle représente aussi une reproduction de valeurs consommées, d'un travail accompli. Pourquoi la société croit-elle pouvoir s'en emparer; de quel droit déshérite-t-elle l'enfant de l'écrivain et celui de l'inventeur au profit de la communauté? A-t-elle deux poids et deux mesures, est-elle communiste pour ceci, anti-communiste pour cela? Il serait plus juste qu'elle

(*) *Des Richesses créées par l'Industrie et les Arts*, chap. XVII.

fût entièrement communiste, ou, ce qui vaudrait infiniment mieux, qu'elle ne le fût point du tout.

On nous demandera, comment fixera-t-on les garanties de la propriété intellectuelle? Nous répondrons que vouloir, en pareille matière, c'est pouvoir. Du reste, nous ne discutons pas une loi, nous voulons seulement établir un principe.

Mais dira-t-on encore, ce système ferait surgir des masses de machines, des masses de produits. Chose singulière, nous entendons quelquefois les hommes se plaindre de ce qui devrait être pour eux un sujet de contentement. Cela va mal, dit-on souvent, on produit trop. Ce qui, en d'autres termes, veut dire : nous sommes dans la misère, parceque nous sommes trop riches. Cependant cela n'est pas, on ne produit pas trop, on n'est pas trop riche et nous le soutiendrons anssi longtemps qu'il nous sera possible de rencontrer une créature humaine en guenilles. La société actuelle agit donc avec partialité, elle ne produit pas comme elle devrait produire; elle n'échange pas comme elle devrait échanger.

Mais, demandera-t-on, que ferez vous de vos ouvriers, si vous trouvez à remplaeer le travail de l'homme par celui des machines.

L'expérience du passé répond à cette objection aussi erronée que vieille.

Le nombre des copistes d'autrefois, est il à comparer à l'importance numérique de l'armée des typographes et deslibraires de la société moderne? La quantité d'ouvriers fileurs et tisserands, ne s'est elle pas accrue, d'une manière prodigieuse, depuis que l'on file et que l'on tisse à la mécanique? Que de bras trouvent à s'occuper par la pratique de ces grandes conquêtes industrielles!

Feriez-vous sonner le glas des cordonniers, lecteur, si le génie inventif venait déposer aux pieds de la société une combinaison nouvelle et expéditive, applicable à la confection de la chaussure? Certainement non, vous diriez, au contraire : quel beau jour pour les cordonniers! La confrérie de Saint-Crispin va être réorganisée et portée au grand complet! Et en effet pareille conquête ferait surgir grand nombre de cordonniers et de tanneurs, mais ne faisons point de demi aveu; car il faut tout dire et avouons que la société perdrait un nombre considérable de..... *traine-savates*.

Ainsi, quelles que soient les conquêtes industrielles qui surgiront encore, elles ne tendront jamais à rendre l'espèce humaine oisive et paresseuse. Au contraire, les progrès rendent la vie plus active quoique moins pénible, ils nous permettent de multiplier nos jouissances, et remarquons que cette activité est utile, nécessaire, indispensable au bonheur du genre humain. Qu'elle est misérable, l'existence de ces hommes qui, désœuvrés, promènent leur ennui et semblent s'être imposé la tâche d'ennuyer les autres! Est-il personne de mieux disposé à se laisser dominer par le vice, que ces jeunes gens qui, privés des ressources qu'offre l'éducation, dépensent vingt-quatre heures par jour, en jouissances purement matérielles.

Une part de la création est et sera toujours réservée aux bras humains. Dans sa sagesse infinie, le créateur à tout prévu. Cessons donc de dire que la population est trop grande; s'il est vrai qu'il ne tombe pas une feuille de l'arbre sans la permission de Dieu, à plus forte raison, il ne naît pas un homme contre sa volonté. Personne n'est le jouet du hazard. Une Providence Divine veille sans cesse sur nous; elle soutient le juste dans l'affliction et souvent elle le fait grandir à côté des difficultés que lui suscitent l'ineptie et la méchanceté des hommes. Puisque Dieu, en nous créant, nous condamne au travail, ce travail ne manquerait à personne, assurerait le bonheur, si les gouvernements mieux inspirés, s'entendaient et n'y portaient plus d'obstacle.

Les bras trouveront toujours à s'occuper : en effet, combien de terres, encore stériles aujourd'hui, restent à exploiter et que la sueur humaine peut féconder! Le champ cultivé même, produit-il autant qu'il le pourrait? Il nous est permis d'en douter. L'agriculture a-t-elle atteint la perfection? Loin de là. De plus, parmi tant de travaux champêtres, il y en a qui ne peuvent s'exécuter par un travail purement machinal mais qui exigent à la fois le travail de l'intelligence et celui de la main. Il n'y aura jamais de machine à sarceler, on ne traira jamais les vaches mécaniquement, on ne tondra jamais les moutons à la vapeur. Les machines elles-mêmes ne marchent pas sans direction, l'intelligence humaine est partout indispensable.

L'homme, du reste, croit-il avoir épuisé le champ illimité de l'industrie? Nous nous tromperions si nous nous imaginions, que, même dans les conditions actuelles, de nouveaux produits, destinés à charmer et à embellir la vie, ne viendront, de temps en temps, nous surprendre. Mettre cette vérité en doute, ce serait reculer de quelques siècles. Lorsque l'homme s'enveloppait de la peau d'un animal, lorsqu'il cousait ses vêtements avec des filasses et des boyaux, il y eut assurément alors aussi des êtres assez présomptueux pour croire que l'industrie avait atteint son apogée.

Il est probable qu'il y eut, de tous temps, des hommes qui, jugeant sur des données superficielles, ont déploré l'application à l'industrie, de nouvelles combinaisons. Les outils mêmes auront eu des détracteurs, car l'outil aussi représente une application de certaines lois qui, coordonnées entre elles, offrent un ensemble capable de soulager le travail humain.

Il n'est point de machine plus simple que le levier, il n'en est point de plus puissante; car la puissance en serait illimitée si le pouvoir n'en était pas subordonné aux moyens d'application dont l'homme dispose. Donnez-moi, disait Archimède, un point d'appui, et je souleverai le monde.

N'en doutons pas, la première application du levier et des machines de force dont il constitue la base, aura passé, dans l'esprit des gens peu éclairés, comme une découverte calamiteuse, puisque ces machines permettent à un seul homme de déplacer avec facilité une masse, dont le simple soulèvement exigeait avant, le concours simultané de bien des ouvriers. On perdait de vue, que la difficulté des déplacements est une cause d'inaction, comme on ne semble pas remarquer aujourd'hui, que la difficulté dans l'exécution, élevant considérablement le prix de revient, constitue un obstacle à la production. Cependant on se sera bientôt aperçu, que l'application du levier, permettant à un seul homme d'accomplir l'ouvrage de plusieurs, il se déplaçait mille fois plus de masses qu'autrefois et que la classe des manœuvres, loin d'avoir perdu à l'application de cette découverte et de celles des autres machines dont la statique démontre l'équilibre, l'emploi en a été favorable, tant à la classe ouvrière qu'à l'humanité toute entière.

Il en est de même de tous les outils, l'expérience en a constaté, et, en quelque sorte, sanctionné l'utilité; la vérité a, en ceci, déjà complètement détruit le préjugé, et si aujourd'hui une loi universelle venait interdire l'usage d'un outil quelconque, il s'élèverait de la terre un bourdonnement de réprobation si général que l'espace en serait rempli!

L'expérience, ce grand maître, qui prononce des arrêts sans appel, a donc proclamé, par toutes les bouches humaines, l'incontestable utilité des outils.

Mais remarquons qu'une machine, une mécanique quelconque n'est qu'un système d'outils liés ensemble, travaillant simultanément, et dont la bonne union fait la force. Force bien supérieure à celle d'un simple outil. Or, puisqu'on approuve, avec raison, ce qui est bon, par quel motif bizarre trouve-t-on matière à condamner ce qui est excellent? Il est naturel que celui qui admire le beau, soit en extase devant le superbe.

Les objections que l'on s'efforce de faire valoir contre invention et l'emploi des machines et des mécaniques ne sont donc pas fondées. Les hommes peu éclairés n'envisagent généralement la question que sous un seul point de vue : celui de la transition, celui de cette légère crise, de cette petite révolution d'un moment, souvent inévitable à toute industrie qui fait un pas dans le progrès.

Il arrive cependant qu'une invention n'occasionne pas même la moindre crise, qu'elle donne immédiatement lieu, au développement considérable de certaines branches industrielles. Autrefois les carrosses étaient très-incommodes et peu employés, l'usage n'en est même pas très ancien, on n'en comptait que deux en France, sous François Ier; celui de la Reine et celui de la belle Diane de Poitiers, quelques-uns prétendent qu'un trosième véhicule de cette espèce, appartenait à René de Laval qui, monstrueusement gros, ne savait ni marcher, ni monter à cheval. Les rois voyageaient sur de superbes coursiers, les princesses se faissaient porter en litière, les dames montaient en trousse derrière leurs cavaliers. Les gentilshommes faisaient caracoler leurs belles cavales, les magistrats, assis sur leurs mules, cheminaient paisiblement vers les palais de de justice, et l'ânesse était la monture favorite des moines et des paysannes.

L'application de certaines améliorations vint insensiblement diminuer les inconvénients des voitures, et vers 1650, Paris en comptait, dit-on, environ quatre cents. Le métier de carrossier prit quelque consistance, mais il se développa d'une manière considérable lorsque, il y a environ un demi siècle, quelqu'un inventa des systèmes de lames d'acier superposées, auxquelles on donna le nom de ressorts. Ces ressorts convenablement adaptés au train de la voiture, soutiennent les soupentes ou la caisse et diminuent d'une manière extraordinaire ce désagréable cahotage qu'on n'avait pas pu éviter jusqu'alors.

Dès ce moment, la carrosserie avait fait un pas immense et l'on vit surgir, même dans les villages, des chars de toutes les façons, de toutes les couleurs.

La législation anglaise est celle qui garantit le mieux la propriété intellectuelle. Les tribunaux de la Grande-Bretagne sont très-sévères en matière de contrefaçon; il n'est pas rare d'y entendre prononcer, en faveur de brevetés, des arrêts qui condamnent les contrefacteurs à des dommages-intérêts considérables. L'emploi d'une autre combinaison de mouvement mécanique ou une simple variation dans un système de mouvemenent, le remplacement de poulies et de courroies par des pignons et des crémaillères, et toutes autres différences qui ne changent en rien l'idée-mère de l'invention, ne sont pas de nature à arrêter la sévérité du juge.

Cette protection moins illusoire que partout ailleurs, est une des principales causes, de la mise en pratique en Angleterre, de beaucoup d'inventions. La patente y a une véritable valeur. Là, le capitaliste engage, avec plus de sécurité, ses fonds dans une exploitation nouvelle qu'il ne le fait généralement ailleurs.

En France, une disposition de la loi impose au breveté d'insérer dans les étiquettes dont il décore ses produits, les mots : *sans garantie du gouvernement.* En jetant un coup d'œil sur la discussion qui à précédé l'adoption de la loi française, on comprend dans quel but le législateur exige cette formalité. Elle est, néanmoins, contraire aux intérêts bien entendus de l'industrie française, car, le consommateur étranger, n'ayant pas suivi les discussions de la loi, ignore complètement le motif de l'insertion dont il s'agit et s'imagine que le gouvernement de la France, lui-même, n'a pas une confiance bien grande dans ses articles brevetés. Il est donc naturel que beaucoup de marchands achettent, de préférence, un article anglais portant simplement une étiquette aux armes anglaises et l'adresse du manufacturier et qu'ils répudient un article similaire de fabrique française revêtu d'une légende qui doit faire naitre une certaine méfiance chez bien des acheteurs, surtout en pays étrangers.

Si nous croyons consciencieusement pouvoir réclamer, en faveur de la propriété intellectuelle, les mêmes garanties dont la société entoure la propriété matérielle, nous ne voudrions pas cependant que la première fût plus favorisée que la dernière.

Il serait injuste que le caprice ou des exigences démesurées d'un seul fissent pâtir beaucoup d'autres, ou vinssent entraver l'exécution d'une mesure d'intérêt commun. Ce principe, généralement admis, a donné lieu aux lois d'expropriation pour cause d'utilité publique. Les mêmes dispositions législatives devraient être applicables à la propriété intellectuelle en général.

L'émancipation de la propriété intellectuelle serait

favorable, non seulement à la production, mais elle aurait encore d'autres conséquences, tout en redressant une injustice criante,elle donnerait lieu à un accroissement considérable de l'armée des propriétaires et contribuerait évidemment au maintien de l'ordre social.

CHAPITRE VIII.

De l'Exploitant. — Nécessité de la liberté d'action. — Les préjugés populaires empêchent le développement du commerce des grains. — Circonstances favorables et défavorables à l'industrie.

L'exploitant applique à l'industrie les découvertes du savant et les combinaisons de l'inventeur. Il travaille à ses risques et périls. Il résulte de cette dernière considération, qu'en ce qui concerne l'industrie, il convient de lui donner une liberté d'action entière que des raisons d'intérêt général, seules, pourraient limiter. Toute disposition de l'autorité qui prescrirait ou interdirait certaine culture, certaine industrie, serait un acte impolitique et contraire à la production.

Voici pourquoi : Le cultivateur connaît mieux que qui ce soit les qualités et les vertus de la terre qu'il exploite, toutes ses actions sont pesées; il ne sème pas au hazard et ce n'est pas sans motif qu'il met tel champ en orge plutôt qu'en toute autre céréale.

Les membres du conseil du roi, qui, en 1737, firent rendre par Louis XV, une ordonnance, par laquelle il défendit de planter, n'importe quel terrain, en vignes, sans en avoir obtenu l'autorisation, ou furent mal inspirés, ou agirent dans l'intérêt de quelques-uns, au détriment des masses.

La transformation d'une terre labourée en bois ou en vignoble constitue, en agriculture, un acte des plus sérieux. Avant d'en agir ainsi, le cultivateur s'interroge, il refléchit, et s'il se décide en faveur d'un changement de culture de cette importance, c'est parcequ'il croit que son intérêt l'exige; c'est parcequ'il pense que le sol qui fait l'objet de ses investigations, possède des qualités qui le prédisposent à la culture de la vigne et que le travail du vigneron, appliqué à certaines terres, est mieux rétribué que celui du laboureur.

C'était donc à tort que le gouvernement de Louis XV s'effrayait de l'extension que semblait vouloir prendre l'industrie vignicole. En changeant la destination habituelle de quelques parties de terres, le cultivateur agissait, tant dans son intérêt particulier, que dans l'intérêt général de la France. Il faut croire que le sol qu'on voulait enlever à la culture du blé était plus particulièrement propre à la culture de la vigne, ou bien, que la France éprouvait, alors, plus de besoin de vin que de blé, soit pour sa consommation, soit qu'elle trouvât plus d'avantage à produire du vin et à l'échanger contre du blé ou contre d'autres denrées, qu'à se les procurer par des moyens directs.

On objectera, qu'il convient de tenir compte de la nature du produit à créer; qu'il importe que l'autorité veille à ce qu'un pays soit convenablement fourni de grains; que l'approvisionnement, en fait de céréales, est d'une rigoureuse nécessité, tandis que celui de spiritueux et de vins est moins urgent, attendu que celui qui aurait la cave remplie des crus les plus exquis mais le grenier vide, mourrait de faim, tandis qu'un autre qui n'aurait point de cave du tout, mais un grenier bien fourni trouverait à se désaltérer, parceque l'eau est la boisson naturelle de l'homme, que le ciel n'en est pas avare et que, dans un moment de presse, le propriétaire le plus parcimonieux ne s'opposerait pas à ce qu'on allât boire à discrétion, dans ses étangs.

Cette observation pourrait paraître fondée dans certains moments exceptionnels, où, par suite d'obstacles insurmontables les communications seraient spontanément interrompues, mais elle est complètement absurde et inadmissible en temps ordinaire, lorsqu'aucune considération de force majeure ne s'oppose à la libre circulation. La prévoyance est incontestablement une vertu bien recommandable ma s l'excès en est toujours nuisible. Celui qui, sous prétexte de mieux se soustraire à l'avidité des voleurs, murerait ses portes et ses fenêtres, serait positivement son propre prisonnier.

Remarquons de plus, que l'industrie commerciale est universelle; elle est de tous les pays. Elle veille à l'approvisionnement du monde entier; elle passe en revue tous les magasins, tous les greniers; elle compte les épis dans les champs; elle étudie vos besoins, vos goûts, vos mœurs; elle va prendre le produit où il abonde pour le porter là, où il manque. Soyons en persuadés, elle portera à manger à ceux qui ont faim et à boire à ceux qui ont soif. Comptons fermement sur sa vigilance, car elle n'agit point par charité, mais par intérêt !

Du reste, la concurrence tend à établir, autant qu'il est possible, un juste rapport entre le travail et le salaire. Si la France ou tout autre pays vinicole possédait trop de vignobles de manière que le métier de vigneron fût moins bien rétribué que celui de laboureur ou de forestier, il est évident que l'industrie vignole se ralentirait et que quelques parties de terres plantées en vignes, recevraient une application plus en harmonie avec les besoins. Donc, l'intérêt de l'exploitant est à la fois celui de la généralité, dès lors, le gouvernement qui imposerait la direction à donner à une exploitation quelconque, porterait non-seulement atteinte au droit de propriété, mais il poserait, en même temps, un acte très-impolitique, tant sous le point de vue de la production que sous celui de l'approvisionnement convenable.

L'intérêt de l'exploitant est donc étroitement lié à celui de la généralité. La société rétribue mieux le travail qu'elle recherche et l'exploitant recherche le travail le mieux rétribué. Prétendre diriger la production, vouloir régler ce qu'il convient de produire, ce serait s'exposer inutilement à commettre des erreurs.

Cependant, dira-t-on, le gouvernement a ses agents, ses statistiques, il possède des données exactes sur la consommation habituelle, il doit savoir mieux que qui que ce soit quels sont les besoins ordinaires du pays. Nous répliquerons que personne n'est mieux informé des besoins que l'industrie elle-même. Il n'est point d'épicier qui ne sache préciser les quantités nécessaires de chacun des articles qui composent sa boutique. L'officine du pharmacien est une véritable macédoine d'une foule de matières, cependant, le pharmacien fera une évaluation assez exacte des quantités de drogues dont il aura besoin pendant le courant d'une année, et comme les épiciers réunis représentent le commerce d'épices, de même que la corporation des pharmaciens représente la pharmacie en général, il se fait que ces branches industrielles, comme celles qui agissent librement et en toute sécurité, sont convenablement approvisionnées, en tant que les circonstances le permettent.

La plupart des gouvernements actuels sont convaincus de ces vérités, mais les préjugés des masses viennent quelquefois arrêter, d'une manière aussi arbitraire que brutale, certaines opérations commerciales. Arrive-t-il que des circonstances amènent une augmentation importante de la valeur des denrées alimentaires, il n'est pas rare de voir la partie la plus ignorante de la société se ruer sur les marchands de grains, les désigner à la vindicte publique sous le nom d'accapareurs et traquer comme des bêtes fauves ceux qui se livrent au déplacement des denrées alimentaires et qui, par intérêt et par état, cherchent à en régulariser la valeur. Souvent on voit une population effrénée pourchasser ceux qui, possédant des données exactes, et agissant avec connaissance de cause, nourrissent, par intérêt, les plus affamés.

La fureur populaire se déchaîne, nonseulement contre ceux qui puisent la denrée où elle est moins rare pour la transporter où le besoin s'en fait le plus vivement sentir, mais elle accable également ceux qui importent de ces denrées. Le même bras, frappant à tort et à travers, tue, à la fois, l'importation et l'exportation.

En présence de ces vérités, trop souvent confirmées par l'expérience, quel est le cultivateur qui ne redoutera pas d'exposer ses produits en vente au milieu d'une population en délire? Quel est le commerçant qui expédiera navires et cargaisons au cœur de contrées en proie à une agitation furibonde?

Quoique les récoltes se fassent périodiquement, elles diffèrent cependant entre elles en quantités et en qualités. Néanmoins, prises ensemble, elles doivent suffire à l'alimentation du monde; mais comme la conservation de l'excédant de grains et d'autres produits nutritifs d'uneannée abondante, exige des soins continuels, il en résulte que le cultivateur, reculant devant des frais d'entretien, ne disposant pas de locaux assez vastes, privé de l'action assez active du commerce de spéculation est, pour ainsi dire, forcé d'être prodigue; d'employer à la nourriture et à l'engraissement du bétail, un aliment que des circonstances indépendantes de la volonté humaine peuvent rendre plus rare une autre année, et qui, le cas échéant, rendraient les plus importants services.

Nous avons eu occasion de remarquer que le commerce de spéculation, comme toutes les branches industrielles, est soumis aux lois de la concurrence. Si l'ignorance populaire n'en empêchait le développement si désirable, il concourrait à fixer, d'une manière plus convenable et plus uniforme, le salaire des travailleurs agricoles et contribuerait à rendre moins grandes les fluctuations auxquelles sont assujettis, dans les conditions actuelles, les prix des denrées alimentaires, fluctuations qui, lorsqu'elles atteignent une dépréciation trop forte, sont désastreuses pour les fermiers, et dont la transition rapide, vers des prix élevés, indispose les masses habituées, à la faveur des bas prix, à une consommation quelquefois démesurée.

La disette est le résultat inévitable d'un manque de récolte suffisante et du gaspillage des matières pendant les années dont les produits ont excédé les besoins réels du moment. Souvent les funestes conséquences en ont été aggravées par les entraves mises à la liberté d'action commerciale et suggérées par l'ignorance populaire, quelquefois même par les lois et réglements émanant de l'autorité.

La cherté des vivres et les calamités qui en résultent ne peuvent donc pas être attribuées à la cupidité des marchands de blé. Ces prétendus accaparements sont de véritables fictions, des opérations imaginaires. Elles sont inexécutables, parce que la demande continuelle d'une denrée quelconque en fait affluer des masses, et, qu'en admettant même que les ressources dont pourraient disposer des sociétés puissantes, ne leur fissent pas défaut, le temps nécessaire à la conclusion et à la réalisation des achats leur manquerait, attendu que les causes qui élèvent les prix des céréales ne sont jamais d'une longue durée, puisqu'un avis favorable sur la récolte sur pied, ou la seule apparence même d'une récolte ordinaire suffit pour opérer une réaction et faire remettre en vente tout ce qu'on aurait pu emmagasiner, dans l'espoir d'en opérer, plus tard, la réalisation d'une manière plus avantageuse.

Pourrait-on admettre qu'il existât, entre les producteurs mêmes, une entente assez générale pour que les prix s'en ressentissent ou s'élevassent d'une manière outre mesure? — Le fait est impossible. L'expérience a démontré que les accords de cette espèce, conclus entre un petit nombre d'industriels, n'ont même pas de durée. Et quel accord, quelle harmonie, quelle confiance réciproque, quelle uniformité de vues ne faudrait-il pas, parmi cette foule de cultivateurs d'un pays, pour qu'ils parvinssent à neutraliser, parmi eux, les efforts de la concurrence.

Une foule de motifs rendent impossibles les accaparements de grains, tels que le vulgaire se les imagine. L'emmagasinage de blé demande des locaux spacieux, l'entretien des céréales est coûteux. Ces seules considérations, jointes aux désavantages qui résultent de l'inactivité de la circulation, s'opposeront toujours à ce que de grandes quantités de grains restent longtemps la propriété, soit même d'un spéculateur, soit d'une société puissante.

Aucun pouvoir humain n'est capable de détourner la disette, la liberté du commerce des grains seule, est en état d'en atténuer les fâcheux effets et d'empêcher souvent qu'elle ne dégénère en famine. Les dispositions arbitraires des gouvernements, les agitations, les menaces ne feront qu'aggraver le mal. Les mesures prises même dans le but de faire baisser les prix des denrées alimentaires, telles que des approvisionnements faits à l'étranger, pour en opérer la vente à perte à l'intérieur des pays, ne sont que des palliatifs qui ont le désavantage d'arrêter le commerce particulier dont l'ensemble des opérations est immense et qui, soumis aux lois de la concurrence tend à établir la véritable valeur des grains comme celle de toute autre denrée.

Le manque de sécurité est donc un obstacle réel à l'établissement convenable du commerce de grains, il en résulte que cette branche commerciale n'est point exploitée comme elle le serait, si, entourée de bonnes et solides garanties, elle se pouvait pratiquer, comme les autres ; librement, sans crainte.

Il importe que les effets funestes de cet état de surexcitation qui aggrave d'une manière si considérable la calamité qu'entraine une mauvaise récolte, soient démontrés. En temps ordinaires, on parviendra facilement à inculquer des vérités saisissables, dans l'esprit des masses, lorque celles-ci sont calmes; on n'y réussira plus au milieu de l'agitation.

Si ce système de terreur n'entravait pas la liberté du commerce des denrées alimentaires, cette branche industrielle n'en serait que plus active et les marchés, dans les temps calamiteux, moins mal fournis. Le commerce de grains s'érigerait indubitablement sur une vaste échelle ; on achetterait, par spéculation, lorsque la marchandise est dépréciée et l'on verrait surgir, naturellement, des greniers d'abondance au milieu des centres de population; mais le nombre de ceux qui osent tenter un commerce dont les chances heureuses exposent l'entrepreneur à la dévastation et au pillage, sera toujours restreint et les causes qui s'opposent à l'extension suffisante du commerce de grains existeront, tant que l'instruction n'aura pas détruit les préjugés si funestes, surtout au bien-être de la classe peu aisée, et si profondément enracinés dans l'esprit des hommes peu éclairés.

Il arrive que des lois fiscales prescrivent à l'exploitant une ligne de conduite forcée, dans la pratique d'une industrie quelconque. Ces dispositions, généralement prises dans le but de prévenir la fraude, sont très préjudiciables à la production, attendu qu'elles enchaînent la liberté d'action de l'industriel et qu'elles s'opposent à ce qu'il modifie, en quoi que ce soit, la manipulation usitée.

La loi du 26 Août 1822, concernant l'accise sur les eaux-de-vie indigènes, obligeait le distillateur de justifier des farines reçues ou employées, elle déterminait l'installation des cuves et des alambics, elle exigeait le placement des vaisseaux de fermentation à côté de ceux de macération; elle n'autorisait pas plus de deux ouvertures aux chaudières et fixait la durée des bouillées. Ces diverses obligations imposaient, en quelque sorte, des règles invariables à l'art de la distillation et privaient pour ainsi dire l'exploitant du bénéfice résultant de procédés chimiques nouveaux et plus avantageux.

La loi belge du 27 Juin 1842, tout en laissant une liberté d'action moins restreinte, ne dégage pas cependant le distillateur de toute entrave.

On comprend que l'industrie ainsi liée, condamnée à se trainer péniblement dans ses vieilles ornières, doit rester stationnaire.

La liberté d'action est une des conditions indispensables à la réalisation de progrès industriels. Il importe que le législateur en tienne sérieusement compte, qu'il évite toute disposition qui, par essence, enchaînerait cette liberté; une pratique contraire constituerait, en matière de politique industrielle et commerciale, une erreur des plus graves.

Les gouvernements ne peuvent donc pas s'immiscer dans le ménage intérieur de l'industrie. L'intérêt propre règle, naturellement, les quantités et les espèces à produire. L'approvisionnement d'une denrée depasse-t-il les véritables besoins, les ressorts de la concurrence en font baisser le prix et le travail en vertu duquel la denrée existe est mal rétribué et diminue. Le contraire arrive-t-il, une denrée manque-t-elle, le travail particulier qui a donné lieu à son existence est rétribué d'une manière extraordinaire et devient plus actif. Ce jeu continuel de la concurrence, règle à lui seul la direction à imprimer aux travaux industriels et tend à mettre l'équilibre entre la nature et les quantités des produits, et les besoins.

La science, avons-nous dit, est toujours active, elle

explore sans cesse, elle cherche constamment à augmenter le bonheur de l'homme, elle vise continuellement à alléger le travail humain. Or donc, prescrire à l'industriel une ligne de conduite dans ses travaux, lui enjoindre une pratique invariable, lui imposer l'usage de certains outils ou engins d'une forme spéciale, c'est positivement arrêter le vol de la science; c'est mettre à l'ancre, ou tout au moins, en panne, le vaisseau du progrès.

L'action gouvernementale doit être d'une tout autre nature, l'homme d'État ne doit pas entrer dans la ruche industrielle; il doit l'observer, l'examiner attentivement, promener ses regards en tous sens, et s'il y aperçoit quelque partie inactive, s'enquérir de l'exception et chercher à porter remède au mal.

L'application de nouveaux moyens de production à une industrie quelconque, porte, assez souvent, une certaine perturbation parmi les travailleurs restés fidèles à l'ancien système. Il n'est pas rare de voir l'ancienne industrie, sur le point de succomber dans une lutte inégale, réclamer, en sa faveur, l'intervention des pouvoirs de l'État; s'efforcer d'obtenir des mesures qui, si elles étaient adoptées, auraient des conséquences des plus désastreuses, et ne porteraient aucun remède sérieux au mal que l'on voudrait voir cesser. Il y a quelques années, la filature du lin à la mécanique, alors récemment établie dans plusieurs de nos villes, jointe à d'autres causes, compromit momentanément, au moins, l'industrie des fileurs au rouet et inquiéta vivement une partie de la population des campagnes flamandes; les achats importants de lin brut faits sur nos marchés et destinés à l'exportation, en firent hausser le prix et compliquèrent encore la situation. Ce fut à cette occasion que des hommes, animés du reste des meilleurs sentiments, sollicitèrent instamment la prohibition à la sortie des lins belges, sous le double prétexte que la matière première nationale alimentait la fabrication de l'industrie similaire à l'étranger et que l'exportation avait donné au lin une valeur trop forte pour qu'il fût encore possible, à l'industrie à la main, de travailler avec le moindre avantage.

Le gouvernement belge n'empêcha pas la sortie du lin. Il fit bien. La prohibition, en diminuant considérablement la concurrence parmi les acheteurs, eût, en effet, provoqué la baisse du lin, mais elle eût nécessairement donné lieu à une réduction dans la culture de cette filasse, attendu que le cultivateur, ne pouvant plus en espérer les mêmes avantages, en aurait restreint la culture, ce qui aurait amené, en même temps, une diminution de concurrence parmi les vendeurs, ou pour mieux dire la hausse du produit.

Quant à l'industrie étrangère, elle se serait approvisionnée ailleurs et aurait profité de la faute commise, pour perfectionner et étendre, chez elle, la culture du lin.

On ne réussit jamais à faire baisser la valeur relative d'une denrée par des moyens forcés et toujours arbitraires, les progrès qui surviennent dans une branche industrielle ont seuls le pouvoir de diminuer cette valeur, tout en ne portant aucune atteinte au bénéfice de l'exploitant.

Il arrive que les industriels, souvent habitués à n'envisager la question que sous une de ses faces, celle de leur intérêt particulier, adressent aux gouvernements des demandes dont la réalisation serait très préjudiciable à d'autres. Les motifs qu'ils allèguent font parfois entrevoir une apparence de bien-être, parce que la question n'est pas traitée à fond.. Il leur est facile de démontrer que l'adoption de certaines mesures leur serait favorable, mais ils semblent ne pas voir, que ces faveurs ne peuvent se faire qu'au détriment des masses.

C'est ainsi que l'agriculture réclame souvent la prohibition à la sortie des tourteaux indigènes, la libre importation des tourteaux étrangers, la libre sortie des graines grasses, etc., etc. Elle fait valoir à l'appui de ses réclamations, que les tourteaux lui sont indispensables, qu'il importe non-seulement de conserver ceux qui proviennent de l'industrie nationale, mais qu'il convient d'attirer ceux qui sont fabriqués à l'étranger. Quant aux graines grasses indigènes, elles constituent, disent les cultivateurs, un produit national, dès lors il est utile d'attirer la concurrence du commerce étranger, puisqu'elle donnera lieu à une augmentation dans l'évaluation de la valeur créée.

Les fabricants d'huile, au contraire, réclament l'imposition à la sortie des graines indigènes, parce que, au point de vue de leur industrie, la graine est une matière première qu'il importe de travailler par l'industrie nationale. Quant aux tourteaux, il convient nonseulement d'en défendre l'importation, mais il serait juste que l'on en favorisât l'écoulement à l'étranger, attendu que le tourteau est un produit national dont la valeur sera plus favorablement déterminée par la libre admission au marché de la concurrence étrangère.

Est-il possible au gouvernement le plus paternel de concilier ces deux intérêts particuliers? Le ministre le plus aimable et le plus flegmatique peut-il s'empêcher d'éconduire poliment cette nuée de solliciteurs qui s'obstinent à ne pas vouloir comprendre, que ce qui est produit pour celui-ci, est matière première pour celui-là ? Le gouvernement agirait-il même en faveur de l'agriculture, en entravant la sortie des tourteaux ? Il nous est permis d'en douter, puisqu'une pareille mesure porterait atteinte à l'industrie huilière dont les intérêts sont étroitement liés à ceux de l'agriculture, tout comme les entraves mises à la libre exportation des graines en diminuerait la culture à l'intérieur et causerait un préjudice considérable, tant à l'industrie huilière qu'à l'agriculture ; car il importe au fabricant d'huile, que le cultivateur prospère, comme ce dernier est intéressé au plein succès du premier.

Le système d'impôt généralement en vigueur, rend très difficile la juste appréciation des réclamations de certaines industries. S'il arrive qu'une branche industrielle soit fortement imposée d'une manière indirecte, au point qu'il lui soit impossible de lutter contre l'industrie analogue étrangère moins imposée, il est clair que cette industrie-là sera en droit d'exiger un dégrèvement, ou, tout au moins, une protection particulière. Nous traiterons cette question d'une manière plus spéciale au chapitre X.

Souvent une industrie est languissante, parce qu'elle est stationnaire comparativement à l'industrie similaire d'autres contrées. Il importe que les gouvernements s'enquièrent minutieusement des progrès industriels survenus, même à l'étranger, il est encore très-utile que l'industrie nationale se reconnaisse de temps en temps. Les expositions publiques sont, sous ce rapport, d'une remarquable utilité; elles permettent aux gouvernements de se fixer d'une manière positive sur la véritable valeur de l'industrie intérieure, et elles fournissent aux industriels l'occasion de comparer leurs produits, de se mesurer, de se stimuler.

L'expérience a sanctionné l'efficacité des expositions publiques. Elles se reduisaient jadis à des exhibitions artistiques et purement manufacturières, aujourd'hui on a étendu la pratique aux produits de l'agriculture et les expositions agricoles, autrefois inconnues en Belgique, y sont aujourd'hui très-usitées et très-populaires. Nos agronomes éprouvent un véritable plaisir à exhiber un échantillon de leurs grains et de leurs tubercules. En quittant l'arène, les vainqueurs de ces paisibles tournois emportent avec orgueil la récompense nationale; les vaincus se promettent la médaille à l'exposition suivante. Souvent celui qui se croyait géant, s'est apperçu qu'il est nain, mais il a pris l'engagement de *grandir*. Ceux mêmes qui trouvèrent chose assez plaisante, l'idée d'une exhibition de choux et de carottes, furent, à l'exposition de 1848, saisis d'étonnement au milieu de ce surprenant étalage d'asperges, de melons et de concombres, d'une si prodigieuse grosseur! Il ne faut pas en douter, les expositions sont appelées à produire de bien beaux résultats.

Nous ne pouvons assez répéter que les trois grandes subdivisions industrielles, forment l'industrie en général; que, pour que celle-ci soit forte et grande, il est indispensable que les trois membres distincts de ce grand corps soient fortement constitués, également bien nourris. Il est nécessaire que l'action des gouvernements vienne en aide aux parties retardataires, non par des palliatifs mais par des moyens efficaces.

L'agriculture, en Belgique, longtemps négligée et pratiquée par cette partie de la population qui, se trouvant éloignée des villes, restait stationnaire et ignorante, profitera des établissements scientifiques et pratiques créés par le gouvernement au milieu de nos plaines fertiles. L'instruction, une fois alliée au bon sens, à l'activité et à l'économie de nos populations rurales, doublera, en peu de temps, la fertilité du sol belge. La science, en faisant invasion dans nos campagnes, mettra le cultivateur au niveau des autres hommes érudits, et l'on verra disparaître ainsi les derniers vestiges de la féodalité.

L'action gouvernementale doit être dégagée de toute tendance réglementaire en ce qui concerne la pratique intérieure de l'industrie. Il convient de laisser aux exploitants une liberté d'action entière. Mais les gouvernements doivent chercher à répandre l'instruction, à favoriser les échanges internationaux, à recueillir et à publier certaines données si indispensables à la réussite de toute expédition de denrées en pays transatlantiques. Il importe encore qu'ils règlent, à l'intérieur, les bases de la transaction de manière à donner aux parties plus de sécurité, en rendant plus expéditif et moins dispendieux le recours aux tribunaux de commerce, et en généralisant l'établissement des conseils de prud'hommes. On rendrait ainsi plus accessible l'action judiciaire qui, ordinairement trop coûteuse et trop lente, sert de boulevard à la mauvaise foi.

Le comice agricole de Lennick adressa, il y a quelques mois, à la chambre des représentants, une demande tendant à obtenir une disposition législative à l'effet d'assurer au fermier sortant, une indemnité du chef d'engrais et d'améliorations qu'il aurait fait subir, pendant les dernières années de sa jouissance, aux terres soumises à son exploitation. Dans l'exposé des motifs, le comice fait remarquer qu'un champ exploité sans garantie, du chef d'engrais, produit infiniment moins les deux dernières années; le fermier sortant, n'ayant plus aucun intérêt d'ajouter des valeurs capitales à la terre, valeurs qui ne se reproduiraient plus à son profit; que dès lors il transmet à son successeur un sol épuisé, mal cultivé, dont le rapport restera, pendant quelque temps, en dessous de la production normale. Les observations du comice agricole de Lennick sont justes. Il est urgent que, dans toutes transactions, les droits de chacun soient nettement établis; que le propriétaire puisse compter que sa propriété lui sera remise dans un état de culture convenable, et telle qu'elle était à la passation du bail; mais il est équitable aussi que le fermier soit indemnisé du chef des valeurs capitales ajoutées à la terre, puisque l'expiration du bail s'opposerait à ce qu'il en retirât tout l'avantage.

Il est incontestable que l'adoption de mesures pareilles et de toutes celles qui seraient propres à établir solidement la sécurité entre les parties, ne resteraient pas sans influence sur la production.

Résumons nous en disant, que l'instruction, le respect du droit de propriété, la liberté d'action, les dispositions propres à multiplier les communications, à garantir les intérêts réciproques entre les parties; celles qui augmentent et consolident les garanties des prêteurs et des emprunteurs, celles enfin qui font naître la sécurité, le crédit, l'association de l'industrie et du capital, sont seules de nature à étendre la faculté productive de l'exploitant.

Au contraire, toutes lois ou tous règlements qui violeraient le droit de propriété en restreignant la liberté d'action, qui enchaîneraient les ressources industrielles, qui imposeraient un mode d'exploitation et qui mettraient ainsi des entraves au libre développement des progrès, sont de nature à arrêter l'élan productif de l'industrie et sont contraires aux véritables principes de la bonne politique industrielle et commerciale.

CHAPITRE IX.

De l'ouvrier. — L'éducation et l'instruction seules sont capables de rendre les hommes égaux. — L'égalité du salaire et la fixation de la durée de la journée de travail seraient impolitiques.

L'habileté, la dextérité, la force et l'activité de l'ouvrier constituent la faculté exécutive, et représentent le quatrième pouvoir créateur, le complément nécessaire, indispensable de l'industrie. L'ouvrier est l'homme d'action, le soldat de l'armée industrielle. La valeur du produit dépend, en grande partie, de son pouvoir, et il suffit de considérer que le nombre des ouvriers est infiniment supérieur à celui des savants, des inventeurs et des exploitants, pour se faire une idée positive de toute l'importance qui se rattache au degré de perfection de la classe ouvrière d'une nation.

La rétribution accordée à l'ouvrier fait partie intégrante du capital roulant de l'industriel, c'est-à-dire de ces valeurs qui se consomment, mais qui se reproduisent par la création. Le salaire qui lui est alloué doit, au moins, lui donner les moyens de pourvoir à ses besoins et ceux-ci sont, ainsi que nous l'avons déjà dit, en raison du temps.

Il résulte de ces considérations que la réunion, chez un même individu, de l'habileté, de la dextérité, de la force, de l'activité constitue le travailleur parfait. Elle donne le pouvoir de faire plus et mieux ; elle permet de diminuer, dans la création, le concours du capital et d'augmenter celui de la nature ; car les qualités que nous venons d'énumérer ne sont, en définitif, que des pouvoirs naturels dont le développement dépend, au tant de l'application de la division du travail, que de l'instruction et de l'éducation.

Une nation qui ne posséderait que des tailleurs médiocres, serait moins bien vêtue, par ses propres moyens, qu'une autre qui, disposant des mêmes étoffes, aurait l'avantage d'avoir des ouvriers plus adroits et plus actifs. Non seulement les vêtements de cette dernière seraient plus élégants et plus commodes, mais ils auraient l'avantage de représenter une moindre valeur consommée, le prix en serait par conséquent moins élevé malgré le degré de supériorité de la coupe et du fini qui, seul , les ferait préférer.

Examinons quels sont les éléments qui prédisposent au développement de ces qualités dont la réunion chez un même individu , en fait un parfait ouvrier.

La division du travail est une des causes principales des progrès, tant industriels que purement scientifiques. Elle rend le travailleur plus adroit et plus habile; elle donne aux membres constamment occupés à la même besogne, un développement qui les rend plus forts et mieux à même de triompher d'un obstacle déterminé;

elle fait éviter la perte du temps, puis elle porte aux inventions (*).

Les trois premiers avantages que nous venons de signaler, résultent de la séparation des occupations, ils en sont les conséquences naturelles, inévitables, quoique le développement plus ou moins grand soit subordonné au degré d'intelligence et aux autres dispositions du travailleur. Le plus borné des individus est obligé de faire des progrès dans l'accomplissement du travail, quel qu'il soit, qui occupe, seul, tous ses moments, le développement musculaire surtout et la force qui en naît, sont le résultat d'une cause physique que la volonté même est incapable d'empêcher.

Quant à la propension aux perfectionnements, elle n'est pas une suite immanquable de la division du travail ; l'ouvrier le plus expérimenté, le plus occupé à la même besogne n'est pas nécessairement inventeur. Ce quatrième avantage n'est donc qu'une bonne chance, souvent favorable aux ouvriers doués d'un esprit observateur, aux contre-maîtres qui possèdent quelques notions scientifiques, mais dont l'effet se ferait plus souvent sentir, si l'artisan et l'ouvrier étaient plus initiés, qu'ils ne le sont communément, à la connaissance des lois de la physique dont les outils ne sont que des applications.

Le bon ouvrier doit être identifié avec ses instruments de travail. S'il est indispensable qu'il sache les manier avec adresse, avec habileté, il est très-utile qu'il en

(*) *Des Richesses créées par l'Industrie et les Arts*, chapitre XV.

comprenne les propriétés, qu'il sache en expliquer la puissance, parceque la bonne pratique, appuyée sur la théorie, est la seule véritable voie qui conduise aux perfectionnements.

A une époque où la société semble vouloir proclamer l'égalité des citoyens, elle devrait aviser, avant tout, à atténuer, à détruire les véritables obstacles qui s'opposent à cette égalité; car, qui veut la fin doit vouloir les moyens. Toutes les lois humaines auront beau proclamer l'égalité des hommes, il n'en sera rien. Le docteur en droit sera toujours supérieur à l'ouvrier illettré et ce dernier ne se croira jamais, en bonne conscience, l'égal du premier.

L'éducation et l'instruction sont seules aptes à porter, autant qu'il est possible, les masses au même niveau. La richesse même n'a pas ce pouvoir, elle est ridicule et ne l'élève pas, quand elle est logée chez un ignare ou un malotru.

Certes, il est impossible à l'homme d'être universel; les savants mêmes ne le sont pas. Un artisan ne doit pas savoir expliquer Virgile et Ovide, l'intelligence du cours normal du baron Ch. Dupin lui est plus utile : la géométrie et la mécanique y sont traitées par synthèse, les démonstrations, dégagées des moyens de solution par les mathématiques transcendantes, dont la connaissance ne peut être exigée que de l'homme spécial, sont compréhensibles pour ceux-mêmes qui, sortant de nos écoles les plus élémentaires, savent écrire et chiffrer. On admettra qu'un maçon, un charpentier, un forgeron, un tailleur identifiés avec les connaissances théoriques et pratiques de leurs métiers respectifs, exempts de ces défauts que l'éducation répudie, sont des hommes que la société place au rang des citoyens qu'elle vénère.

Uu simple barbier de Preston, dans le désir de dissiper, par la théorie, ses doutes sur la forme la plus convenable à donner aux rasoirs, voulut étudier l'équilibre du coin; il se mit à méditer sur la mécanique et finit par inventer une machine à filer le coton. Arkwright fit une fortune considérable et contribua puissamment à cette prépondérance industrielle dont jouit encore de nos jours, la Grande-Bretagne.

De même que le soleil fait éclore un modeste bouton sans éclat et sans parfum et le change en une fleur inconnue qui embaume l'air et éblouit les yeux, de même, l'instruction fit d'un pauvre barbier, un ingénieux inventeur, un opulent industriel dont le nom traversera les siècles.

Ce fut un compagnon imprimeur qui parvint à subjuger la foudre: Franklin se délassait, par l'étude, des fatigues de l'atelier; il devint non-seulement un profond physicien, mais encore un homme d'état distingué.

Neucomen était un serrurier, mais un serrurier vraîment habile, car il trouva le moyen de mettre la vapeur sous clef et contribua à la rendre très-docile et très-bonne ouvrière! Et l'immortel Watt dont la grande statue couronne, dans l'abbaye de Westminster les tombeaux des souverains et des hommes illustres de l'Angleterre, fut, dans sa jeunesse, un simple repasseur de compas et d'équerres.

Qu'on ne s'y trompe point, ce ne sont pas les métiers qui classent les hommes, mais bien les hommes qui classent les métiers. S'il nous était permis de donner des conseils, nous dirions aux gouvernements : multipliez vos écoles d'arts et métiers. Vos académies de dessin vous donnent la mesure de ce que peuvent les enfants du peuple ; nous dirions aux ouvriers : profitez des occasions qu'on vous offre, quittez les cabarets et les cloaques ; apprenez à tracer des lignes perpendiculaires et parallèles et rendez-vous compte du pouvoir de vos outils. Pendant que vos têtes travailleront, vos autres membres se reposeront. Faites toute chose en son temps, supprimez le lundi des savetiers, assemblez-vous et reposez-vous les jours de fête ; faites en un mot, ce que firent tant d'ouvriers qui se sont illustrés, vous en profiterez assurément ; beaucoup de vous s'éleveront, car il doit y avoir encore parmi vous, des Franklins et des Watts. Mais, surtout, évitez d'êtres dupes et mettez-vous en garde contre ceux qui vous flattent, parce que, comptant sur votre générosité, sur votre bravoure, ils veulent se faire de vos corps un marchepied pour arriver au pouvoir ; ceux-là vous prêcheront la haine et le désordre et, quand, égarés par de misérables discours, vous aurez recouru à la violence, ils vous abandonneront au moment du danger, et ne sortiront de leur retraite que pour ceindre la couronne du vainqueur, si la victoire vous favorisait ; mais ils fuiront et vous trahiront même, lorsque vous aurez succombé. Écoutez au contraire ceux qui vous disent : marchez vers le progrès, beaucoup de vous sont adroits, mais cela ne suffit pas; instruisez-vous, moralisez-vous, mettez à profit les institutions qui surgiront bientôt de toutes parts et vous grandirez en considération, vous deviendrez, aux yeux du monde, les égaux des citoyens les plus respectables, comme vous l'êtes déjà aux yeux de la loi.

Dans bien des pays, les salaires des administrateurs et des fonctionnaires publics sont fixés par les mandataires de la nation et par ceux des communes; dans d'autres, par les gouvernements mêmes. Quel que soit le mode usité, il est tenu compte, dans la fixation du traitement, des capacités et des connaissances que doivent posséder les titulaires; des difficultés qu'il a fallu vaincre; des sacrifices pécuniaires qu'il a fallu faire afin d'acquérir les qualités nécessaires à l'accomplissement des devoirs de chaque fonction. C'est ainsi que le juge, dont l'éducation a exigé des études suivies et un sacrifice de temps que l'on pourrait, sans exagération, évaluer en moyenne, à la moitié de la vie, a réellement droit à une rétribution plus forte que celle que l'on accorde communément à un copiste ou à un ouvrier qui, à peine adolescent, a perçu un salaire quelconque, et dont l'éducation n'a pas exigé une consommation capitale aussi importante (*).

Dans les armées, les traitements sont non-seulement proportionnés aux grades, mais les militaires d'armes spéciales, dont l'instruction a exigé des études préparatoires extraordinaires et partant, une consommation

(*) *Des Richesses créées par l'Industrie et les Arts*. Chap. XVII.

plus importante de temps et de capitaux, reçoivent un traitement plus élevé. Dans plus d'un pays, la loi alloue au soldat, comptant un certain nombre d'années de service, un supplément de solde, et cela, sans que le conscrit y trouve à redire, par la raison toute simple que le soldat fait, est plus apte, mieux exercé, capable en un mot, de rendre plus de services que celui qui vient d'arriver sous les drapeaux.

Dans toutes les carrières salariées par les États, et nous dirons qu'il en est de même en industrie, les capacités exigées, les difficultés qu'il a fallu vaincre pour les acquérir, le terme moyen de l'apprentissage, les sacrifices faits pendant la période de l'instruction sont prises en sérieuse considération dans l'évaluation des traitements, et l'on conviendra que cette pratique est tout aussi nécessaire qu'elle est équitable.

Il en est de même en fait d'arts. L'amateur de tableaux consent volontiers à donner plusieurs centaines de francs, pour une bonne production dont la valeur intrinsèque n'excède pas cinquante sous; le mélomane s'empresse de payer cinq francs le droit d'assister à un concert, dût cette dépense lui imposer d'autres privations; mais ni l'amateur de tableaux, ni le mélomane, ne donneront pas un patard en échange d'une mauvaise production. C'est donc partout l'instruction, le talent que l'on paie, naturellement, librement. Nous comprenons que cette pratique, quoique rationnelle, ne convienne ni aux barbouilleurs ni aux racleurs ni aux paresseux de toutes les catégories, et s'il fallait en croire les médiocrités et les ineptes, on travaillerait en commun, on ferait bourse commune et on la partagerait. Si de pareils principes prévalaient un jour, soit dans un pays, soit dans un autre, on comprend que les bons artistes et les hommes laborieux prendraient leurs passeports, et que les médiocrités et les paresseux resteraient seuls, en présence d'une bourse commune, mais vide!

Ce que nous venons de dire des artistes est également applicable à tous les genres de producteurs. L'artiste n'est qu'un ouvrier relativement plus habile, plus instruit que le travailleur ordinaire. Plus l'ouvrier sera adroit, mieux il possédera les différentes qualités qui distinguent le bon travailleur et l'honnête homme; plus son travail lui profitera, plus il trouvera d'ouvrage, et plus aussi il saura se faire convenablement rétribuer. Le salaire de l'ouvrier est la rétribution payée en retour d'un travail fait, l'évaluation contradictoire en fixe le taux, et la concurrence en détermine la véritable valeur. L'offre de certain travail dépasse-t-elle les besoins, le salaire baisse; le contraire arrive-t-il, la valeur relative augmente. Ici encore, les efforts de la concurrence, entre les ouvriers, sont de deux espèces : l'une tend à la réduction du salaire, elle a certaines limites; l'autre pousse vers les progrès. Celle-ci ne meurt point, elle est toujours active, puisque l'ouvrier s'efforce sans cesse de se perfectionner, d'acquérir les qualités que les patrons recherchent et qu'ils consentent de mieux rétribuer.

Cette action continuelle et régulatrice de la concurrence, combinée avec les aptitudes et les goûts individuels, distribue en quelque sorte l'application des bras, conformément aux besoins de la société, et si par suite de la surabondance d'ouvriers d'un même genre il arrivait que le salaire fût réduit au point qu'il n'offrît plus les moyens de fournir aux besoins indispensables, il est clair que le nombre de ces ouvriers diminuerait insensiblement; les moins habiles quitteraient d'abord et embrasseraient un état mieux payé, circonstance dont se prévaudraient les plus habiles qui acquerraient ainsi l'avantage de pouvoir se montrer plus exigeants.

L'habileté, la dextérité, la moralité et les autres vertus réunies, constituant le bon ouvrier, lui donnent une importance réelle, qui milite fortement en sa faveur dans la fixation du salaire. Ces qualités ont quelque chose de si puissant, qu'elles permettent au travailleur qui les possède, de se soustraire, jusqu'à un certain point, aux effets de la concurrence et qu'elles le rendent tout aussi indépendant que l'industriel disposant d'un procédé nouveau et avantageux.

Cependant, quelques philosophes sont d'avis que la concurrence, surtout entre les ouvriers, est une des causes principales de la misère; ils pensent que le bonheur du monde exige l'anéantissement de la concurrence par le moyen d'un salaire uniforme. D'après ces doctrinaires, dans l'organisation de la société actuelle, le service de l'ouvrier se vend au rabais. Il en résulte, disent-ils, que le père de famille, dont les charges sont plus fortes et les besoins plus grands que ceux du célibataire, se trouve dans l'alternative, ou de se soumettre à la loi qu'on lui impose et de végéter, ou de mourir de faim à défaut de trouver à s'employer.

Ceux qui voient les choses de plus près, les industriels et les ouvriers surtout, comprennent tout ce qu'il y a d'erroné dans cette opinion. Quoique l'abondance des offres de travail tende à faire baisser le taux du salaire, elle n'en est pas la seule cause déterminante. La dextérité, l'habileté et la moralité exercent de leur côté une influence bien grande en pareille matière ; avant de s'enquérir des exigences d'un ouvrier, l'industriel veut être fixé sur les capacités, sur la conduite, sur la moralité de l'individu, et c'est quand il possède des données exactes à ce sujet, données qui, de part et d'autre, sont prises en sérieuse considération, que s'engage le débat sur la fixation du salaire. Combien faites-vous ? Avez-vous un bon livret ? Telles sont les questions préliminaires adressées à l'ouvrier et qui précèdent habituellement toute discussion.

Ceux qui ont proposé, de bonne foi du reste, de sauver le monde de la misère en détruisant la concurrence, ne se sont pas rendu un compte exact de tous ses effets. Ils ont envisagé la question, seulemeut, sous une de ses faces, ils se sont bornés à en considérer le jeu parmi les ouvriers, quoique d'une manière imparfaite. Ils semblent avoir perdu de vue qu'elle agit également parmi les entrepreneurs d'industries, parmi les savants, parmi les inventeurs ; qu'en un mot, l'action en est générale, qu'elle est une cause puissante et immortelle du progrès ; que la réalisation de ces progrès, tout en permettant à celui qui en est l'auteur, de prélever une certaine prime en récompense de ses travaux, tourne, en définitif, au bénéfice des consommateurs, c'est-à-dire au profit du monde entier.

La concurrence est donc le régulateur de tout. Non-seulement elle fixe la valeur réelle des produits, mais elle établit la valeur réelle des services de tous les travailleurs. Les ouvriers plus habiles que la généralité ont seuls, dans leurs spécialités respectives, le pouvoir de se soustraire partiellement à ses effets, et jouissent, pendant tout le temps que dure cette supériorité, de certains avantages: de même que l'industriel qui dispose de quelques moyens économiques et expéditifs, a le pouvoir de réaliser de plus grands bénéfices que les autres, jusqu'au moment où ses concurrents soient parvenus à faire faire des progrès analogues à leur industrie particulière. La concurrence est donc encore, dans la question qui nous occupe, un stimulant pour le progrès. Dès lors, on comprendra que toute disposition législative qui établirait l'égalité des salaires, serait impolitique, en ce sens, qu'elle détruirait ce stimulant, le travailleur n'ayant plus les mêmes motifs d'être actif, laborieux, puisque les peines extraordinaires qu'il se donne et qui lui assurent aujourd'hui un certain bien-être, ne tourneraient plus à son profit particulier. Une organisation semblable provoquerait un relâchement universel; chacun chercherait évidemment à faire moins que son voisin. L'homme aime la jouissance et ses aises, il est généralement peu disposé au travail, et s'il se livre à des occupations parfois pénibles, c'est parceque le travail conduit à la possession qui amène avec elle la faculté de jouir. La possession est le but, le travail est le moyen: deux éléments si étroitement liés qu'ils sont inséparables. Remarquons encore que l'égoïsme est un principe inhérent à notre nature, que nul pouvoir humain ne saurait détruire, pas plus qu'il ne nous est donné de modifier l instinct, l'essence caractérisque des animaux; pas plus qu'il ne nous est possible de rien changer au cours naturel des astres, qui roulent dans leurs orbites, en vertu des lois inaltérables de l'attraction.

Et que l'on ne dise pas que la manie de la possession n'est pas instinctive, il semble que nous l'ayons aspirée en naissant. A peine né, l'enfant veut saisir tout ce qui vient frapper ses regards, la moindre contrariété qu'il éprouve dans ce désir de posséder, lui fait verser d'abondantes larmes.

Cette passion nous abandonne-t-elle à une période quelconque de la vie? L'âge de raison amène, en effet, avec lui certaines réserves et fait respecter chez les autres, ce qu'on aime à voir respecter chez soi, mais jamais l'homme ne fait rien sans but personnel. Sa plus petite démarche est intéressée. Votre tailleur vous salue parcequ'il a votre pratique, quittez-le, il sera moins poli avec vous, et s'il vous continue les mêmes marques d'égard, concluez-en qu'il espère regagner votre confiance. Ne vous êtes-vous jamais aperçu, Électeurs, que les candidats-députés sont plus aimables que les députés eux-mêmes? Les poignées de mains, ne sont-elles pas plus abondantes la veille, que le lendemain et surtout le surlendemain des élections ?

Cet égoïsme, ce besoin de posséder, soit fortune, soit honneurs, ne quitte l'homme à aucune période de la vie. Loin de l'atténuer, l'âge le rend parfois plus vivace; au point que, souvent, il dégénère en sordide avarice. Plus d'un octogénaire que le temps a transporté au bord de la tombe, laisse les siens dans le dénuement et serre avec soin un bien qui ne lui appartiendra plus que quelques jours. N'a-t-on pas vu des vieillards moribonds, compter et recompter, l'avant-veille de leur enterrement, des trésors à jamais perdus pour eux!

L'instruction, la civilisation et le caractère peuvent déterminer la tension individuelle de l'égoïsme, mais ils ne sauraient le détruire. Il est vrai que les goûts, provenant souvent de l'éducation, déterminent ainsi une prédilection pour certaines possessions et certaines jouissances; plus d'un soldat n'échangerait pas l'insigne de l'honneur qui décore sa poitrine contre le portefeuille d'un banquier; plus d'une sœur de charité, sacrifie son patrimoine et sa santé au soulagement des malheureux, parce qu'elle entrevoit le bonheur durable de l'éternité, et que le seul espoir de la béatitude éternelle lui procure, sur la terre, plus de contentement que ne pourraient lui en donner tous les biens périssables de ce monde. Mais encore sont-ce là des natures exceptionnelles; la charité même, dont la pratique n'exige qu'un sacrifice minime en rapport de nos ressources particulières, est une vertu rare et à laquelle dix-neuf siècles de civilisation n'ont pu faire pousser de bien profondes racines dans nos mœurs ni dans nos cœurs.

On aura beau proclamer que le travail doit être selon les aptitudes et les forces, et la rétribution selon les besoins, il n'en sera pas tenu compte. Les masses ne se donneront la peine de semer qu'autant qu'elles puissent récolter. Celui même qui attache peu de prix au bien matériel, tient encore à s'en dessaisir librement et à l'escompter, à son profit, contre l'agrément, la satisfaction que procure une bonne action, ou l'espoir d'une récompense dans l'avenir.

Ne concluons pas de là cependant, que le travail en commun, en société, ne saurait être avantageux. Il le serait au contraire, chaque fois que la communauté se serait constituée librement; qu'elle serait composée d'hommes actifs et adroits, se connaissant intimement, parfaitement d'accord sur le degré de mérite individuel, sur la valeur relative des services de chaque travailleur et par conséquent sur l'importance du salaire à accorder à chacun de ses membres.

Mais qu'on ne se fasse pas illussion sur les véritables avantages d'une pareille organisation, elle ne dégagerait pas l'ouvrier du concours du capital, car le capital est une épargne de travaux accomplis, représentée par des outils, des matières premières, de la monnaie, en un mot par certains approvisionnements, dont il est impossible de se passer dans l'industrie; qui changent de forme et de nature pendant la période de la production, soit en tout, soit en partie, spontanément ou d'une manière insensible; qui reparaissent sous d'autres formes et deviennent parties intégrantes du nouveau produit. Mais l'association est avantageuse, en ce sens, qu'elle permet d'économiser sur certaines parties du capital, parcequ'elle rend plus praticable l'application de la division du travail; qu'elle donne le pouvoir de répartir, sur un plus grand nombre de produits, la location d'ateliers, les frais de chauffage, d'éclairage etc.; qu'elle permet, en un mot, d'économiser certaines parties du capital, bien que l'économie qui en résulte ne diminue en rien l'utilité du produit créé.

Cependant, la difficulté de rencontrer plusieurs hommes d'un caractère facile, également laborieux, étant assez conciliants pour faire le sacrifice de leurs propres convictions, sachant se soumettre au jugement et à la volonté des autres, a toujours été et sera probablement toujours, un grand obstacle à la multiplication des associations purement ouvrières. Récemment encore, des expériences faites, dans la capitale de la France, par des ouvriers partisans du travail en commun, ayant foi dans leur système, et intéressés, par amour propre, à la réussite de leur essai, ont prouvé une fois de plus, que le travail a besoin d'une tête, d'une direction unitaire, d'un chef qui veille à tout, qui, juste appréciateur du mérite individuel de chacun, soit intéressé à donner à chaque travailleur selon son mérite; qui loue à forfait, à ses propres risques et périls, les services particuliers de chacun et accepte ainsi les bonnes comme les mauvaises chances de la communauté.

Nous croyons donc sincèrement, que la faculté productive de l'ouvrier et celle de l'exploitant ne peuvent se confondre, de manière à ne faire qu'un seul et même intérêt. Indépendamment des obstacles que nous venons de signaler, les lois de la division du travail s'y opposent : à chacun son métier. Si l'entrepreneur d'industrie était en même temps ouvrier, il ne suffirait plus à la tâche ; de même que l'ouvrier ne travaillerait plus à son aise, s'il était préoccupé des tracasseries et des inquiétudes plus ou moins grandes qui assiègent l'industriel. Il faut qu'il ne soit point sous l'influence de cette émotion que donnent les affaires, il importe, pour que son travail soit exécuté convenablement, que l'ouvrier soit dégagé de toute préoccupation, et qu'il puisse compter sur un salaire équitable.

On objectera, que dans l'organisation actuelle, l'ouvrier est dupe, qu'il est forcé d'accepter le salaire qu'on veut bien lui donner. Comme si la concurrence n'existait pas entre les exploitants ; comme si la fixation du salaire n'était pas le résultat d'un débat ; comme si l'ouvrier n'agissait pas librement, sans contrainte ; comme s'il ne profitait pas de cette rivalité éternelle, de cette petite jalousie de métier qui ne s'éteint jamais, et que Dieu semble inspirer, dans l'intérêt de la classe ouvrière, aux entrepreneurs d'une même industrie.

Que l'on ne confonde donc point l'ouvrier avec l'esclave qui ne s'appartient pas ; car l'ouvrier est son propre maître, il ne se vend pas, mais il fait librement cession, pour un terme déterminé, et moyennant un prix convenu, de certaines facultés qu'il possède, tout comme l'avocat cède, au profit de son client, et contre un salaire, dont il est prudent de convenir d'avance, le loyer de son temps et de son talent.

D'ailleurs, de nos jours, chacun a le droit de se faire entrepreneur d'industrie, cependant nous venons de faire remarquer, qu'il est imposible d'éliminer complètement les fonctions coopératives du capital, quel que soit le mode d'organisation du travail. Or, celui qui ne possède pas une certaine partie de travail fait, soit qu'il n'ait pas travaillé ou qu'il en ait consommé la valeur, n'a pas les moyens d'exploiter par lui-même. Il doit ou recourir à l'emprunt, ou, ce qui est préférable, s'en affranchir, en économisant sur sa consommation habituelle, ou bien s'efforcer de donner à ses produits plus de valeur, soit en tâchant de devenir plus habile, soit en prolongeant la durée du temps habituellement consacré au travail. Il résulte de là, qu'astreindre quelqu'un à ne travailler qu'un nombre déterminé d'heures par jour, c'est le priver d'un moyen de faire provision de travail, c'est enlever, à l'ouvrier pauvre, une chance de se soustraire à l'emploi du capital d'autrui, de faire des économies et de parvenir à exploiter lui-même.

Chacun est seul juge compétent de ses besoins. Il y a des hommes qui sont, par goût, très-petits consommateurs, qui trouvent plus d'agrément, plus d'avantage même, à sacrifier quelques heures de la journée au repos ou à un délassement quelconque. Ce serait poser, incontestablement, un acte inqualifiable que d'assujettir, qui que ce soit, à travailler pendant un certain nombre d'heures, tout comme il serait on ne peut plus arbitraire de contrarier ceux qui sont plus grands consommateurs, ceux qui sont moins habiles, ou ceux qui, n'étant heureux qu'autant qu'ils produisent plus qu'ils ne consomment, éprouvent le besoin de prolonger la durée ordinaire de la journée de travail.

Le peintre est un travailleur comme un autre, mais un travailleur d'une habileté toute particulière, doué d'une certaine organisation dont la nature n'est pas prodigue, et qui cultivée par l'étude, l'instruction et la pratique soutenue, devient plus extraordinaire encore. Pour être plus que barbouilleur, il faut être non-seulement doué d'un naturel peu commun et en quelque sorte spécial; mais il faut encore l'avoir cultivé. Il résulte de cette double condition que le nombre des artistes est très-limité comparativement à celui des artisans et des travailleurs ordinaires. D'un autre côté, une production artistique plait à tout le monde. L'être le plus matériel aime à jeter les yeux sur un tableau ou une estampe, et éprouve le désir de la posséder, n'eût-elle d'autre mérite que celui d'orner un mur, ou de détruire la monotonie de la tenture en papier. Ce nombre considérable d'amateurs d'acquérir, camparativement à celui des producteurs, donne à ces derniers le pouvoir d'exiger, en retour de leur art, un salaire bien plus élevé que celui des travailleurs ordinaires, de façon que, souvent, le travail pendant une faible partie de la journée, procure à un artiste de mérite, non-seulement les besoins, mais encore les commodités de la vie.

Il en est de même de celui qui possède les qualités

dont la réunion chez un même individu constitue un bon travailleur, un ouvrier accompli. Ses qualités plus qu'ordinaires lui donnent le pouvoir de créer, dans un temps déterminé, plus de valeur que l'ouvrier médiocre. Il en résulte qu'il lui est loisible, soit d'abréger sa journée de travail, sans qu'il en éprouve aucune privation, soit d'en étendre la durée et de multiplier ainsi ses jouissances, si mieux il n'aime de faire provision de travail, c'est-à-dire des épargnes.

Ainsi, déterminer d'une manière quelconque la durée de la journée du travail, ce serait, indépendamment des considérations que nous avons déjà énumérées, porter atteinte à cette liberté qui constitue une des plus belles prérogatives de l'homme et à laquelle il attache tant de prix.

D'autres considérations non moins importantes militent encore en faveur de la liberté d'action de l'ouvrier et de l'industriel, quant à la durée de la journée de travail. Le salaire de l'ouvrier fait partie intégrante du capital productif roulant, c'est-à-dire des avances que fait l'industriel pendant le cours de la production. Or, la nation qui, pour favoriser la classe ouvrière, limiterait à dix heures, la durée de la journée de travail, n'atteindrait pas le but. En effet, l'ouvrier, travaillant moins longtemps que de coutume, serait nécessairement moins bien rétribué. On observera, qu'une disposition semblable, pour être efficace, devrait, en même temps, fixer le salaire, et en établir la valeur au taux que l'on est habitué de payer pour la journée de 12 heures. Il est évident que dans cette hypothèse, l'industriel serait dupe; le produit, tout en n'ayant que la même valeur relative, lui reviendrait plus cher. Des lois douanières, protectrices ou prohibitives pourraient, il est vrai, lui donner les moyens de se faire rembourser par le consommateur indigène, mais l'ouvrier aussi est consommateur, ses aliments, ses vêtements lui coûteraient plus cher. Et pour ce qui concerne le commerce d'exportation, le marchand pourrait-il soutenir, en pays étranger, la concurrence de produits similaires d'autres nations qui, disposant des mêmes pouvoirs producteurs, auraient conservé l'habitude de travailler pendant 12 heures? — Évidemment, non. Deux considérations distinctes viendraient alors embarrasser le travail : l'élévation du prix de la denrée en diminuerait la demande à l'intérieur, et le commerce d'exportation, succombant à l'étranger, dans une lutte inégale, cesserait; ou il se verrait tout au moins obligé de restreindre ses opérations, et cela au détriment de l'industrie en général et de la classe ouvrière en particulier, puisqu'elle est plus intéressée que toute autre, au maintien de la grande activité commerciale.

La loi ne doit certes point décréter la durée de la journée de travail, cependant l'intervention de l'autorité peut être utile et devient quelquefois nécessaire, lorsqu'il s'agit du travail de certaines personnes qui ne jouissent pas d'une liberté entière, et notamment en ce qui concerne les enfants. Il faut que l'autorité paternelle ait des bornes, qu'elle ne puisse pas être tyrannique chez des parents qui, quelquefois paresseux

eux-mêmes, exigent un travail au-dessus des forces de leurs enfants, et incompatible avec leur âge.

Nous déduirons sans peine, de ce qui précède, que le taux du salaire doit être le résultat d'un libre débat entre parties; que tout essai de coalition, tant entre ouvriers qu'entre industriels, dans le but de faire augmenter ou diminuer ce taux, doit rester sans effet; qu'il convient que l'offre et la demande de travail soient facultatives, puisqu'il serait tout aussi arbitraire de forcer l'ouvrier à prêter son concours à des conditions qui ne lui conviennent pas, que d'obliger l'entrepreneur d'industrie à produire plus qu'il ne peut échanger.

L'éducation, l'instruction et les conquêtes industrielles qui en résultent; l'application dans les limites du possible, de la séparation des occupations; la réduction et la répartition juste et équitable de l'impôt, et la multiplication des moyens d'échange sont les seules véritables sources de la prospérité publique, puisque chacune de ces causes concourt à diminuer la valeur relative du produit, circonstance qui amène le double avantage d'alimenter le travail, de procurer à l'ouvrier, non-seulement de l'occupation, mais encore le pouvoir d'obtenir plus de produit en échange de son travail journalier.

CHAPITRE X.

De l'Impôt et de ses influences sur la création.

L'impôt est un droit qui frappe certaines choses, et dont le montant, versé dans la caisse de l'État, est employé, tant à exécuter certains travaux destinés à augmenter le bien-être des masses, qu'à indemniser de leurs peines ceux d'entre les citoyens qui veillent au repos public, qui concourent au maintien de ces conditions qu'exige le bonheur de la société.

Il est glorieux, pour un Gouvernement, de ne demander que des subsides justes, uniquement destinés à défendre et à faire respecter les droits de touts, ou à augmenter les ressources industrielles et la valeur, pour ainsi dire intrinsèque, d'une contrée. Le citoyen n'aurait-il pas mauvaise grâce de se plaindre quand la répartition de l'impôt est juste. Ne devrait-il pas s'empresser d'y satisfaire, lorsque les dépenses, auxquelles l'impôt subvient, sont faites dans l'intérêt des masses?

Puisque la tranquillité, la garantie de la possession paisible du bien loyalement acquis, sont des conditions essentielles et indispensables à la création par les facultés humaines, chacun ne devrait-il pas envisager les deniers qu'il paie au fisc, comme sa quote-part à une caisse commune, destinée à pourvoir aux dépenses d'une organisation sociale qui protège le juste et le faible contre l'arbitraire et la force brutale? Organisation à l'ombre de laquelle il devient possible de se reposer sans crainte, parce que la justice veille et qu'elle observe et pourchasse sans cesse les frelons de la société.

Il ne serait pas bon citoyen, celui qui ne s'empresserait pas de venir déposer une légère offrande sur l'autel de la patrie, lorsque celle-ci est en danger. Mais surtout, qui ne se soumettrait pas, sans murmurer, à la volonté de la loi, lorsqu'il s'agit d'exécuter des travaux utiles, d'établir des voies de communication, de lier entre eux et de rapprocher, pour ainsi dire, les points les plus divergents de la patrie, ou de féconder des plaines que l'isolement seul, force à laisser incultes? Et vous habitans des grandes cités industrielles, vous ne reculerez jamais devant quelques légers sacrifices pour procurer du pain et du travail à des frères, pour augmenter la gloire et la prospérité de la patrie, pour élargir le cercle de vos ressources particulières : car vous vous souviendrez que vos villes se sont fondées dans les plaines où vous êtes venus vous asseoir, parce que la nature y a creusé le lit des fleuves, ou, parce que la main de l'homme les a sillonnées de canaux et de routes. Vous saurez qu'on ne creuse pas un ruisseau utile, même au loin, sans que vous n'en ressentiez l'influence, sans que vous n'en éprouviez un surcroît de bien-être.

Nous ne craignons pas de le dire : l'impôt appliqué avec modération, réparti avec justice et perçu avec économie est un subside qui, fondé sur les besoins de l'État, se dépense dans l'intérêt de touts. Dès lors, il devait être payé sans opposition, disons mieux, avec empressement.

L'impôt est donc utile et nécessaire.

Mais rien n'est parfait dans ce monde. Les choses les plus utiles mêmes ont des inconvénients. La médecine qui ravive nos forces et prolonge notre carrière est parfois d'une amertume extrême et d'un déboire dégoûtant. En vertu de quel phénomène l'impôt n'aurait-il pas son mauvais côté ?

Qui veut bien juger, doit tout voir. Il ne suffit pas de contempler ce qui plait, il faut savoir jeter les yeux sur ce qui dégoute : nous venons de voir le bon côté de l'impôt, examinons-en le mauvais.

L'impôt augmente le prix du produit, mais il n'ajoute rien ni à l'utilité ni à l'agrément. Si la véritable valeur d'un carafon de bon sellery-mousseux, pris dans les caves de nos entrepôts, était de 5 francs et qu'il fallût payer un franc de droits, le prix de ce nectar serait de 6 francs par bouteille rendue dans les rayons de la bibliothèque souterraine du gourmet. Cependant ce vin n'en serait ni plus pétillant ni plus savoureux. Mais comme l'élévation des prix fait diminuer le nombre des acheteurs, il en résulte, que l'établissement du droit met un frein à la consommation et par suite à la production.

L'impôt, considéré sous ce point de vue, agit en

sens inverse du progrès industriel ; puisque celui-ci, en diminuant la valeur relative du produit, le met à la portée de plus d'individus, rend plus actives la consommation et la production et alimente, en quelque sorte, l'échange. L'action nuisible est nécessairement en raison de l'importance de l'impôt ; les droits qui dépassent certaines limites, arrêtent l'industrie et sont, en même temps, très-peu productifs, parce que, non-seulement ils empêchent la consommation, mais encore, parce qu'ils encouragent la fraude.

L'appréciation convenable de ces limites, est indispensable à tout homme sérieux qui veut prendre une part quelconque à la discussion des lois fiscales. Elle constitue surtout, une qualité qui ne pourrait jamais manquer au ministère chargé de la gestion financière de l'État.

Turgot fut un des ministres les plus éclairés de la France. Doué à la fois, d'un esprit juste et d'un caractère énergique, il abolit la corvée et encouragea l'industrie par la construction de plusieurs voies importantes de communication ; mais il fit surtout preuve de beaucoup de tact et de courage, en diminuant les impositions et en assurant, autant qu'il en avait le pouvoir, la liberté du commerce des blés. Louis XVI disait, en parlant de lui : « Il n'y a que Turgot et moi qui aimions le peuple. » Partisan de droits modérés, il réduisit à moitié, en 1775, les droits sur le poisson importé à Paris, sans que le trésor en éprouvât la moindre réduction. L'expérience fit voir, que l'abaissement du droit primitif avait fait doubler la consommation, circonstance qui permit à l'industrie de la pêche de prendre une extension double et de réaliser plus de bénéfices, tout en abandonnant, en vertu de la concurrence et au profit des consommateurs, la majeure partie des avantages résultant de l'activité de la circulation des capitaux.

Ainsi, la mesure prise par Turgot fut de bonne politique, puisque, sans porter aucune atteinte aux intérêts du trésor, elle avait multiplié les moyens de jouissance du peuple et stimulé la création des richesses par une des branches de l'industrie nautique, élément vital de l'activité des côtes, et dont l'existence et surtout la prospérité intéressent, à un haut point, l'industrie en général de toute nation qui a le bonheur d'être en contact avec l'Océan.

Mais si l'impôt a certains inconvénients, il importe d'en atténuer l'action, en s'efforçant d'appliquer, avec justice et discernement, les deniers du trésor qui ne représente autre chose, qu'une accumulation de travaux accomplis par la sueur des masses. Il importe que le montant en soit dépensé, non au profit d'une caste, mais à l'avantage de touts. Si la dilapidation est funeste, l'économie mal entendue est nuisible. Quel est l'homme sensé qui désapprouverait la dépense faite pour salarier un administrateur consciencieux et intelligent qui sacrifie ses veilles à la prospérité de la patrie, qui s'évertue à multiplier les ressources de l'industrie, à relever et à raviver le travail qui souffre; de celui qui prend une part à l'administration de la justice ou à l'accomplissement régulier de ces conditions indispensables à la tranquillité, au bien-être général ?

On comprendra cependant que la plus sévère économie doit être observée, en ce qui concerne l'administration de la caisse publique. Une contribution dont le montant serait, en grande partie, absorbé par les frais de perception, serait à la fois impolitique, vexatoire et ridicule; elle ne serait qu'une véritable spoliation faite au profit des uns et au détriment des autres.

Il semblerait équitable d'après la définition que nous avons faite de l'impôt, que chacun contribuât à l'alimentation convenable du trésor, au marc le franc de ses ressources. Cependant, ce qui paraît juste, n'est pas toujours praticable en cette matière. Et en effet, ne serait-ce pas impolitique et peu humain de faire peser l'impôt, de tout son poids, sur cette partie de la population qui ne possède pas de valeur faite, qui doit vivre frugalement de son travail au jour le jour? Ne serait-il pas juste que l'on dégrévât les aliments indispensables du pauvre? Nous n'hésitons pas à nous prononcer pour l'affirmative; car tout être éprouve le besoin de certaines consommations nécessaires à l'entretien de la vie. Or, imposer celui qui ne possède rien, qui manque de l'instruction et des moyens suffisants pour se créer des ressources au-delà du nécessaire, le forcer de participer à la caisse commune, c'est agir au rebours des lois de la philantrophie; c'est le condamner aux longues tortures de la misère, c'est plus que pécher contre la charité.

Si la société veut agir sagement, qu'elle assure à chacun le nécessaire, qu'elle ménage l'utile et qu'elle atteigne le superflu.

La loi de Solon divisait les Athéniens en quatre classes. Elle assujettissait au paiement d'un talent d'impôt, ceux qui retiraient de leurs terres cinq cents mesures de fruits; ceux qui en retiraient trois cents mesures payaient un demi-talent ; d'autres, moins fortunés, abandonnaient dix mines. La quatrième classe ne payait rien. La législation athénienne avait considéré que chacun a un nécessaire physique égal, que ce nécessaire ne doit pas être taxé; que l'utile vient ensuite, qu'il convient de l'imposer, mais moins que le superflu.

Il n'entre pas dans nos vues de discuter ici, si la loi athénienne est applicable ou non à la société actuelle, nous dirons cependant que les principes sur lesquels elle était fondée, sont bons, et nous croyons que les mêmes principes de justice et de philantropie devraient encore être la base de la perception de l'impôt, quel que puisse en être le mode.

En jetant un coup d'œil sur les impositions les plus en usage, nous remarquerons que, chez plusieurs nations, la législation a voulu conserver le principe du système athénien. En établissant l'impôt direct, le législateur a entendu frapper la classe aisée, la propriété foncière; en décrétant la contribution personnelle, il a voulu imposer la jouissance de certaines choses que l'on peut, sauf quelques exceptions, ranger parmi celles dont la consommation n'est pas d'une rigoureuse nécessité. Et qui oserait qualifier de vexatoire la contribution personnelle? Elle devrait ne trouver que des partisans, et le contribuable la paierait sans murmurer, s'il était possible à l'homme de donner, sans sourciller, un écu d'une main, si de l'autre il n'en reçoit immédiatement la contre-valeur. En effet, peut-on se récrier avec raison, contre un impôt auquel il est possible de se soustraire d'une manière légale? Personne n'est obligé d'habiter un palais, la loi n'ordonne pas de rouler en équipage, nul n'est tenu de se faire servir, de se dodiner dans des lits de bois d'érable, et de se coucher mollement sur des divans de satin, mais, les intempéries et la police imposent à chacun l'obligation de se vêtir; une loi plus puissante encore que celles qui émanent des trois pouvoirs, prononce la peine de mort contre quiconque se serait irrévocablement décidé à ne plus manger. Qu'on ne s'étonne donc point que l'allure du contribuable ne soit pas toujours gracieuse et qu'il ne reçoive point, le sourire sur les lèvres, l'agent du fisc qui vient lui réclamer une redevance imposée sur le nécessaire.

Cependant, l'impôt foncier, la contribution personnelle ne suffiraient pas, à moins qu'on n'en fît une application démesurée, pour alimenter d'une manière convenable la caisse de l'État. Il a fallu trouver d'autres ressources, et on a decrété la contribution indirecte; impôt dont l'industriel fait l'avance mais que le consommateur lui rembourse, impôt que beaucoup paient sans le savoir, impôt admirablement inventé pour puiser dans la poche du contribuable sans avoir l'air d'y toucher.

Et qui pourrait se plaindre de la contribution indirecte quand l'application en est faite avec modération, quand elle ne frappe que le superflu sans trop s'appésantir sur l'utile et surtout lorsqu'elle respecte le nécessaire.

Entend-on jamais se déblatérer contre l'impôt sur le sucre, celui qui, assis sur un tabouret de velours, devant le plateau de marbre du limonadier, avale une bavaroise ou un punch à la romaine ?

Il est certaines denrées dont la consommation désordonnée énerve et dégrade l'homme et que, par cette seule considération, il est urgent de charger. De l'aveu même des ivrognes, il serait dangereux de dégréver l'eau-de-vie.

Nous ferons observer cependant, que des considérations que nous développerons dans la deuxième partie, commandent la restitution de tous droits perçus, même sur les boissons alcooliques destinées à l'exportation.

L'impôt n'a pas de caractère vexatoire quand il y a possibilité de se soustraire légalement au paiement, et cette condition sera remplie lorsque le législateur, à l'exemple de Solon, aura jugé : que l'homme a un nécessaire physique qui doit échapper à toute imposition.

Mais, dira-t-on, puisque l'établissement de forts droits est impolitique sous le double point de vue, qu'ils paralisent l'industrie et ne remplissent pas la caisse du trésor, n'est-il pas à craindre que l'impôt soit insuffisant, s'il se borne à frapper uniquement l'utile et le superflu, parce que les impositions qui, quoique petites, frappent les masses, sont seules capables d'être productives sous le point de vue des intérêts du fisc.

Cette objection, assez fondée en apparence est cependant empreinte d'exagération. Les denrées qui composent le nécessaire ne sont pas si nombreuses et souvent il échappe à l'impôt bien des choses imposables, appartenant à la catégorie de celles dont la consommation peut être rangée parmi celle des objets utiles et superflus.

Le droit de patente fut décrété en 1791, lors de la suppression des maîtrises et jurandes. Supprimé peu après, il fut rétabli en l'an III. Aujourd'hui, la patente est pour ainsi dire dans nos mœurs, elle donne le droit de faire le commerce, de trafiquer, d'exercer un métier quelconque. Le montant constitue une redevance à prélever sur le profit supposé de l'exploitant et se paie sans trop de répugnance, lorsque la répartition en est juste. Cependant, tout homme, dit avec raison M. De Leuze, dans son Eudoxe, doit à sa patrie l'emploi de son temps. Celui qui ne prend point d'état s'affranchit du joug qu'elle impose... Mais puisqu'on a trouvé bon d'appliquer la patente à celui qui travaille et remplit son devoir, pourquoi n'imposerait-on pas celui qui le méconnaît en restant oisif. Puisqu'on a cru devoir vendre le droit de travailler, pourquoi ne vendrait-on pas celui de ne rien faire? Il y a là une anomalie sociale.

La vanité humaine ne serait-elle pas susceptible de prendre une plus large part à la formation de la bourse commune? Et puisque la loi impose les simples services domestiques, pourquoi ne frapperait-elle pas, d'un impôt plus fort, les services de la domesticité galonnée? On objectera que la mesure serait contraire aux intérêts des passementiers. Nous répliquerons qu'il est certaines choses qui n'ont de l'attrait et de la chance de durée, qu'autant qu'elles ne deviennent pas trop vulgaires. La manie de la livrée s'est propagée d'une manière peu commune, elle a envahi jusqu'à l'équipage des saltimbanques et des charlatans, et au grand détriment des marchands de galons, un domestique bariolé ne sera bientôt plus que de mauvais goût.

Le marquis d'Auxy réclama, il y a quelques mois, à la Chambre belge un impôt sur les titres. Cette démarche prouve que, quoique la noblesse ne jouisse en Belgique d'aucune prérogative, elle compte dans son sein des hommes de cœur, qui comprennent qu'il appartient aux héritiers de glorieux noms, de montrer l'exemple du patriotisme.

Qu'il serait beau de voir de pareils exemples de désintéressement se renouveler! Qu'il serait à souhaiter surtout, que, mieux éclairée sur ses propres intérêts, la classe opulente ou aisée prît elle-même l'initiative de ces sortes de propositions dont l'adoption dégrèverait le pain du peuple! — Si le bon ouvrier doit souhaiter le maintien de l'ordre, s'il importe à celui qui n'a devant soi aucune épargne, que tout ce qui arrête le travail, soit empêché, nul, cependant, n'est plus intéressé que le riche, à ce que les lois soient respectées. Dans les désorganisations de la société, la gravité de la chute individuelle est en raison de l'élévation sociale; l'orage fait plier le roseau et déracine le chêne. L'arbre écrase en tombant la frêle végétation qui croissait à son pied, sous la double protection de ses branches et de son feuillage ; dans les orages politiques, le pauvre courbe la tête et voit doubler sa misère, mais le riche tombe souvent pour ne plus se relever, et écrase par sa chute les faibles qu'il nourrissait !

Il n'entre pas cependant dans nos vues, de formuler ici, en matière d'impôt, un système quelconque. Une question de cette importance, toute spéciale, ne saurait figurer dans un ouvrage qui doit se borner à la démonstration de quelques principes généraux. Cependant, nous pensons que la contribution personnelle et la contribution indirecte remplissent le but, en tant que ces impôts ne pèsent pas sur le nécessaire et notamment sur certaines denrées, dont la consommation est urgente, et dont il importe de ne pas augmenter la valeur naturelle. Tel est cependant un des caractères de l'impôt; il n'ajoute rien à l'utilité, à l'agrément de l'objet qu'il frappe, il ne fait qu'en augmenter le prix, que substituer une valeur fictive à une valeur réelle.

Mais il arrive qu'une loi qui remplirait le but du législateur, est frappée de stérilité, ou atteint celui qu'elle devrait épargner, et cela par la simple mise en vigueur de quelques dispositions supplémentaires.

Nous ferons saisir plus facilement notre pensée en l'appuyant d'un exemple.

Supposons que la propriété foncière ne soit point imposée, et que les lois admettent en franchise de droits tous les genres de produits agricoles. Il est clair dans cette hypothèse, que le prix que l'on paierait en échange d'une certaine quantité de denrée alimentaire, en serait la valeur réelle et non fictive, attendu que le vendeur, n'ayant été soumis à aucun paiement à titre d'impôt, ne pourrait exiger, de ce chef, aucune restitution de valeur.

Constatons de plus, que dans une contrée régie de la sorte, le prix débattu d'un hectare de terre, en constituerait la valeur véritable, naturelle.

Prouvons le :

L'industrie, le capital et les agents naturels sont les éléments de la production. Mais l'exploitation agricole n'est viable, n'a de condition d'existence, qu'autant que le produit brut satisfasse, au moins, au fermage, à l'intérêt, au rétablissement de la valeur capitale détruite et à l'entretion de l'exploitant (*).

La répartition de la valeur du produit, entre ces intérêts divers, se fait en vertu des lois de la concurrence, de telle manière, que la part que reçoit chacun d'eux, représente la valeur réelle de ses services. Cependant, si le propriétaire et le capitaliste se montraient trop exigeants, prétendaient une part trop forte, il en résulterait, que l'exploitant qui souscri-

(*) *Des Richesses créées par l'Industrie et les Arts*, chapitre XII.

rait à ces exigences serait tenu de s'imposer certaines économies sur le superflu et quelquefois sur l'utile. Mais dès qu'il se verrait obligé d'économiser sur le nécessaire, l'exploitation devrait cesser et ne pourrait recommencer, qu'autant que le propriétaire et le capitaliste se fussent montrés moins exigeants.

Ainsi, dans l'hypothèse actuelle et en admettant que l'hectolitre de blé valût 15 francs, si le propriétaire réclamait un fermage calculé à raison de 8 francs par hectolitre de blé récolté; le capitaliste, un intérêt de 2 francs et que la valeur capitale détruite fût de 4 francs, il resterait 1 franc pour satisfaire à l'entretien de l'exploitant. Mais si cette part était insuffisante et hors d'état de procurer au fermier une alimentation indispensable, il est évident que l'exploitation devrait cesser, à moins que le propriétaire et le capitaliste ne fissent une réduction sur leurs quotes-parts respectives. Et comme la redevance revenant au fonds de terre constitue le fermage, dont l'importance, compatible avec les conditions que réclame la possibilité d'exploiter, est une des bases de l'évaluation de la valeur de la propriété, il devient évident, que dans un état organisé comme celui que nous supposons, le prix payé pour un hectare de terre en établirait la véritable valeur. C'est ce que nous tenions à prouver.

S'il vous convenait, Lecteur, d'être chargé de fonctions infiniment moins agréables qu'élevées, acceptez le gouvernement de notre hypothétique pays. Il est bon que vous en connaissiez la population : elle offre, comme toute société, l'aspect d'une foule hétérogène composée de beaucoup de justes de quelques sages, de quelques méchants et de bien des sots.

Bien que la vertu n'y soit pas rare, le vice ni le crime n'y sont pas inconnus. Elle ressemble médiocrement à ces sociétés angéliques où le travail est attrayant et où le crime est impossible; à ces sociétés qui n'existent, en définitif, que dans la cervelle de quelques romanciers. La population sur laquelle vous êtes appelé à régner est composée d'hommes ordinaires, desquels, en dépit de la civilisation même, on n'a pu extirper tout sentiment d'égoïsme; en un mot, elle est composée d'hommes libres qui ne bêcheront et n'ensemenceront la terre, qu'autant qu'il auront la certitude qu'ils récolteront, eux ou leurs familles.

Vous comprenez qu'avec des citoyens comme ceux-là, vous aurez besoin d'une religion, d'une instruction, d'une justice, d'une administration et d'une force publique; vous ne sauriez donc vous passer de prêtres, de professeurs, de juges, d'administrateurs, et de soldats; mais ni les soldats, ni les administrateurs, ni les juges, ni les professeurs, ni les prêtres ne vivent de l'air, il faudra les rétribuer et vous serez contraint d'avoir recours à l'impôt.

Soit à tort, soit à raison, vous trouvez que la classe des propriétaires est celle qui est le plus à l'aise et la plus intéressée au maintien de l'ordre; il vous semble que l'impôt doive tomber d'abord sur elle, et vons décrétez la contribution foncière. Croyez-vous avoir imposé le propriétaire? Évidemment, oui. Et en effet le propriétaire exigera-t-il le remboursement de l'impôt du fermier ? cela n'est pas possible : l'exploitation ne donne au fermier que le nécessaire, quelque peu l'utile. Mais celui-ci, observera-t-on, pourrait le rembourser au propriétaire, et en réclamer, à son tour, le paiement au consommateur. Nous objecterons : que le consommateur ne se soumettrait point à l'exigence du fermier, il ferait venir son grain de l'étranger, et, comme vos frontières sont ouvertes, rien ne viendra s'y opposer. Concluons-en que, dans l'espèce, la propriété foncière est incontestablement atteinte.

Mais vous êtes bon prince, rien ne vous est plus cher que le bonheur de vos sujets. Néanmoins, des hommes laborieux et honnêtes, manquant de travail et de pain, se trainent encore péniblement dans les rues, plusieurs sont couverts de haillons qui laissent entrevoir des membres affaiblis par la faim ou le froid; tous vos sujets ne sont pas heureux, ce qui fait que vous ne l'êtes pas vous-même. Cependant quelques plaines de vos états nourrissent des troupeaux et portent des moissons courbées sous le poids des épis, la houille et le fer gisent en abondance, sous le sol, sur d'autres points. Mais ceux qui ont du grain et de la laine, manquent de houille, et le pain et les vêtements manquent à ceux qui ont de quoi se chauffer ; il ne saurait en être autrement, car vous n'avez que des voies de communication difficiles, vous les jugez insuffisantes, et en administrateur habile, vous décrétez des chemins plus praticables. Les bras oisifs auront bientôt de l'emploi, et vos malheureux vont recevoir un salaire puisé dans les coffres du trésor. Ces sommes ne seront point perdues, elles n'auront été que consommées et avantageusement reproduites, car les travaux de cette espèce sont d'utilité publique. Ils ajouteront, pour ainsi dire, à la valeur intrinsèque, de vos états. En effet, le trafic, autrefois difficile, va pouvoir se faire. A la place de ces chemins tortueux et étroits, où s'embourbait l'attelage d'une mule, vont couler des canaux; de larges graviers livreront passage aux caravanes. Tout le monde va trouver à s'occuper. A la solitude accablante des sentiers, succèdera bientôt le bruit de la foule des conducteurs et des bateliers; le hennissement des chevaux va remplacer le cri peu harmonieux des roussins d'Arcadie et le bruit roulant des voitures, va rompre le morne silence de la plaine.

Cependant, l'accomplissement des travaux publics décrétés exigera certaines ressources pécuniaires. L'impôt foncier, le seul que vous ayez, suffit à peine aux exigences que réclament la sûreté et l'administration de l'Etat et il vous paraît impolitique de l'augmenter. D'un autre côté, les fermiers, moins instruits et par suite peu propres à embrasser tout autre état que celui de l'industrie des champs, poussés par la concurrence, ont souscrit des baux qui leur sont onéreux, et n'obtiennent en retour de leur travail pénible qu'un salaire bien médiocre; les denrées étrangères sont admises, elles viennent faire, sur les marchés, une rude concurrence aux produits indigènes. La misère des campagnards est patente, ils réclament des droits protecteurs.

Ces considérations diverses vous portent à établir

une ligne de douane et vous frappez les produits agricoles d'un droit à l'entrée.

Si l'on recherche avec attention quelles seront les conséquences de cet acte administratif, on découvrira que l'imposition à l'entrée peut modifier votre but primitif en ce qui concerne l'application de l'impôt foncier. Si le droit nouvellement établi est assez élevé, l'impôt sur les terres ne constitue plus, pour les propriétaires ou les fermiers, que l'obligation de faire une certaine avance, sauf à se faire rembourser par le consommateur. C'est-à-dire, que de contribution personnelle qu'il était, il est devenu contribution indirecte frappant le nécessaire.

En effet, supposons, qu'en moyenne, l'impôt foncier ait frappé la propriété raison d'un droit de 1 franc par hectolitre de froment produit. Si cette denrée était soumise au paiement d'un droit d'entrée de la même importance, il serait de l'intérêt du consommateur de rembourser au propriétaire ou au fermier le montant de l'impôt foncier, plutôt que d'importer cette céréale de l'étranger, puisque, indépendamment de la valeur réelle que nous supposons hypothétiquement être la même partout, il faudrait qu'il payât certains frais de transport et qu'il versât dans la caisse du fisc un droit équivalent à celui que produit l'impôt foncier. Ainsi, dans l'hypothèse posée, l'impôt foncier créé avec l'intention d'atteindre le propriétaire, et quoique ayant été primitivement une contribution directe et personnelle, est devenu, par le fait de l'établissement du droit de douane, une contribution indirecte frappant, non le propriétaire, mais le consommateur d'un aliment indispensable à l'entretien de la vie.

L'action qui résulte des dispositions douanières et qui modifie le but que le législateur s'était proposé d'atteindre, en décrétant l'impôt foncier, est nécessairement en raison de l'importance des droits d'entrée, de telle manière que, si celui-ci était plus élevé que celui qui a servi de base à la fixation de la contribution foncière, il résulterait de l'action confondue des deux impôts que le fonds de terre, loin d'être atteint, jouirait, au contraire, d'une certaine prime à prélever sur le consommateur, à moins que l'intérêt ne lui commandât d'importer des produits agricoles étrangers et de payer, au trésor, les droits dont ils sont frappés à l'entrée.

Cette espèce de prime, quoique perçue au profit du fermier, jusqu'à l'expiration du bail, ne tarde pas cependant, à augmenter le revenu de la propriété et donne ainsi au fonds de terre, une valeur supplémentaire quoique fictive.

La hausse considérable de la propriété foncière est donc bien naturelle, dans les pays qui ont imposé fortement à l'entrée, les produits agricoles étrangers, ou qui ont adopté le système d'imposition à droits variables, dit à échelle ; système, dont le caractère d'instabilité a le désavantage de multiplier et d'aggraver les chances de perte, et qui, par cela même entrave les opérations du commerce de déplacement.

Les agents naturels susceptibles d'être possédés, tels que les fonds de terres, les mines, les cours d'eau, les pêcheries ont une valeur primitive qui varie en raison des pouvoirs qui leur sont assignés par la nature même. Valeur qui peut être augmentée par l'adjonction convenable d'un objet utile. Ils représenteront une accumulation plus ou moins avantageuse de travaux accomplis, Et comme il serait à la fois impolitique et injuste, de dépouiller les propriétaires au profit de la communauté, il est tout aussi inopportun et nuisible, de dépouiller la communauté au profit des propriétaires. La culture d'un sol médiocre absorbe plus de capitaux et donne le plus souvent une récolte d'une valeur inférieure à celle que peut fournir un champ fertile dont la culture exige moins de frais. Cette première a, par cela même, une valeur réelle moins élevée que cette dernière.

Le même raisonnement est applicable à la propriété des mines. L'exploitation de celles qui gisent à des profondeurs rapprochées du sol, est moins dispendieuse. Elles ont une valeur naturelle supérieure à celles dont les filons sont profondément ensevelis. Celles-ci exigent des travaux d'extraction plus considérables et pour ces motifs, ont moins de valeur, de telle manière que, s'il arrivait que la valeur d'un minerai quelconque, ne reproduisait pas même les capitaux consommés par l'extraction, la propriété considérée comme exploitation métallurgique, aurait une valeur négative. En ce cas, le possesseur aurait plus d'avantage à substituer le travail du cultivateur à celui du mineur, à remplacer la pioche par la charrue, et à demander à la fertilité du sol, une richesse qu'il chercherait vainement dans les entrailles de la terre.

Quelque sage que l'on puisse supposer une disposition législative, elle est incapable de donner une valeur réelle à une exploitation qui n'en a pas. La science seule, en agissant d'une manière économique sur le mode de travail, peut diminuer l'importance des valeurs dont avant, la consommation était inévitable, et donner ainsi une valeur réelle à la propriété qui n'en avait aucune, ou qui, considérée sous le point de vue d'une exploitation déterminée, aurait une valeur négative.

Cependant, comme le droit d'entrée constitue une prime en faveur de la propriété, il a le pouvoir d'ajouter à la valeur naturelle une certaine valeur fictive qui n'est autre chose qu'une contribution frappant les masses, et dont profitent quelques individus.

Tant que l'impôt dont il est question ne frappe que le superflu, il n'y a qu'un demi-mal, mais une fois qu'il atteint le nécessaire, il rend inévitable le renchérissement du salaire, sans qu'il en résulte le moindre avantage pour la classe des ouvriers, il contribue à augmenter le prix de revient des produits de l'industrie nationale et en rend l'échange plus difficile en pays étrangers.

L'élévation du salaire n'est pas toujours avantageuse pour l'ouvrier, le travailleur ordinaire est intéressé à trouver à s'occuper tous les jours, à utiliser régulièrement ses facultés. Il vaut mieux qu'il ne gagne qu'un franc par jour, si cette rétribution, quoique minime, peut lui procurer le nécessaire et quelque peu l'utile, plutôt que de trouver à gagner un salaire, fût-il de cinq francs, quand, par suite du haut prix des denrées et de fréquents chômages, cette somme est insuffisante pour l'alimenter d'une manière régulière et convenable.

L'impôt sur les matières premières est également défavorable, puisqu'il a pour effet d'élever le prix de la denrée, et qu'il offre les mêmes inconvénients que l'élévation du salaire. De forts droits à la sortie viennent quelque fois encore aggraver le mal. Et qu'on ne nous dise pas que ces derniers droits tombent à la charge de l'étranger. Celui qui achète, s'inquiète peu de savoir dans quels coffres iront se loger ses écus. l'importance des valeurs dont il se déssaisit, et les qualités de celles qu'il reçoit en échange, l'intéressent seules, comme celui qui acquiert une propriété ne tient note des frais, que pour mémoire; il consentirait à augmenter l'offre, si la vente se faisait sans frais; ce n'est pas l'acheteur, mais bien le vendeur qui paie grassement le papier timbré de nos officiers publics.

Ainsi que nous l'avons dit au Chapitre VI, il est avantageux de pouvoir diminuer l'importance numérique du capital productif. L'imposition indirecte, quoique ne constituant, en ce qui concerne l'exploitant, que l'obligation d'une simple avance remboursable par le consommateur, exige cependant le concours d'un certain surcroît de capital dont l'emploi obligé a le désavantage, d'élever à la fois le prix du produit et d'empêcher que ce surcroît, devenu nécessaire à l'exploitant, ne serve à d'autres travaux; il est donc urgent que l'impôt atteigne le produit le plus tard possible, lorsqu'il est sur le point d'être consommé. Les systèmes d'entrepôts, les crédits permanents et les crédits à terme parent en grande partie à ces inconvenients. Il est bon de les maintenir, disons mieux, d'en étendre indéfiniment la pratique.

Lorsque la Belgique faisait partie de l'Empire Français, les cotons bruts étaient frappés d'un droit considérable, qui s'élevait, terme moyen, à près de mille francs la balle, de manière qu'un fileur qui travaillait 600 balles par an, (en admettant qu'il lui fallût neuf mois pour travailler sa matière première, vendre son produit et encaisser ses factures), devait avoir pour son exploitation un surcroît de capital roulant que l'on pourrait évaluer à fr. 450,000 dont l'intérêt renchérissait le produit ; intérêt qui équivalait à un impôt frappant la consommation et n'amenant aucun avantage pour le trésor.

Le prix élevé des cotonnades à l'époque que nous citons, n'a plus rien qui étonne, quand on se rappelle que le coton converti en fil, avant d'arriver à l'état d'étoffe, passait encore par les mains d'une foule d'industriels qui étaient obligés de se restituer, les uns aux autres, les droits perçus sur la matière première ; pratique, qui exigeait le concours, chez chacun d'eux, d'un capital productif bien considérable, dont les intérêts globaux pesaient sur le fabricat.

Il est des industries qui réclament l'emploi de fortes quantités de certaines substances, d'une valeur réelle bien minime, parce que la nature s'est chargée, en grande partie, des frais de la fabrication. Il importe que l'impôt ne les frappe pas, lorsqu'elles sont employées comme matières premières.

Nous avons fait observer au chapitre II, que, sur quelques points du globe, la nature favorise singulièrement la fabrication du sel marin. Cet alcali, sur les lieux de production et importé en Belgique, se vend à environ 4 francs les 100 kilogrammes. Il est indispensable à la pratique de la grande pêche; la préparation et l'encaquetage de 150 kilogrammes de poisson exige l'emploi de 60 kilogrammes de sel, et le baril de morue du poids brut de 160 kilogrammes, peut se vendre en Belgique, au prix moyen de 32 francs. Depuis un temps immémorial, il était accordé aux armateurs la restitution des droits d'accises sur le sel destiné à la pêche de la morue. Cependant en 1843, lors de la discussion de la loi sur le sel, la Chambre des Représentants, alors très-avide d'impositions et sous l'impression d'une soif ardente d'argent, fut on ne peut plus fiscale. Quelques orateurs prononcèrent, contre l'ordinaire, des discours fort peu logiques, et mirent en question l'existence d'une des branches de l'industrie nautique déjà aux abois, en proposant de frapper le sel destiné à la pêche, d'un droit d'accise de 450 pour cent !! La proposition, combattue par le ministère et par les hommes les plus marquants de l'assemblée, échoua aux applaudissements de toute la population maritime.

Quel effet eût produit ce malheureux amendement, si l'on avait réussi à l'intercaler dans la loi ? Le trésor se serait-il enrichi? — Aucunement, mais l'imposition aurait proscrit la pêche belge; elle aurait réduit à l'état de non-valeur les deux millions engagés dans nos pêcheries; elle aurait ruiné quelques armateurs et privé de pain la grande moitié de la population de nos côtes, et notamment un millier de braves gens qui, quoiqu'un peu turbulents, sont du reste excellents marins, véritables loups de mer nés sur la lame, adroits pêcheurs et au besoin bons corsaires, mais sans autres vertus et tout au plus bons à aller grossir les rangs des joueurs d'orgues de barbarie!

La fiscalité ne s'arrêta pas en si beau chemin, elle avait été trop près de la victoire. Semblables à certains gendarmes, qui, animés d'un zèle extravagant, semblent voir en tout homme un criminel et brûlent de mettre en cage le plus paisible des bourgeois, quelques membres crurent que tout homme maniant le sel, et notamment les fabricants de produits chimiques, n'étaient que des fraudeurs bien déguisés! Il fut proposé de retirer la franchise des droits dont jusqu'alors avait joui le sel, substance fondamentale de certains produits chimiques. Cette fois, malgré les nobles efforts des orateurs éclairés, la proposition fut couronnée d'un plein succès, et l'amendement fut adopté. Heureusement la nuit porta conseil, la vérité se fit jour à travers les ombres. Après s'être reposés de leurs travaux, ces représentants, plus douaniers que les douaniers eux-mêmes, reconnurent l'erreur; ils vinrent, le lendemain, confesser leur faute et infirmer eux-mêmes l'arrêt de mort qu'ils avaient prononcé la veille. Arrêt qui, s'il avait été maintenu, décrétait la suppression des fabriques de sel de soude, proscrivait les verreries, réduisait à des non-valeurs une foule de ces usines qui couvrent le sol de la patrie et font tant d'honneur à l'industrie belge, arrêt qui frappait la navigation dans ses principaux aliments de transport et qui vouait à la misère une quantité innombrable d'ouvriers!

Mais hâtons-nous de le dire : celui qui avoue sa faute est digne de pardon. La chambre belge si éclairée et ordinairement si judicieuse fit plus, elle avoua son erreur, elle étouffa elle-même, à l'état d'étincelle, le feu qui aurait consumé notre industrie.

Ceux qui tiennent en mains le gouvernail de l'état, ne sauraient trop rechercher les moyens les plus propres à occuper la nation et à lui rendre le travail à la fois facile et avantageux ; s'il est contraire à la bonne politique, dangereux même, de prodiguer les ressources publiques dans le but de nationaliser certaines branches industrielles, qui, semblables à ces fleurs de serres ne peuvent vivre qu'au prix d'éternels sacrifices, l'homme d'état manquerait de tact, s'il négligeait de faciliter l'établissement de celles qui sont naturellement viables. mais dont la nationalisation ne peut avoir lieu sans quelque protection. Quoiqu'il soit très-utile de rechercher l'échange avec l'étranger, il est indispensable de ne pas négliger l'échange à l'intérieur. Une industrie nouvelle, praticable, naturelle est toujours avantageuse, les branches déjà exploitées en ressentent aussi un effet salutaire.

Mais l'industrie est généralement timide, elle ne

se hasarde guère sans une certaine sécurité, elle n'ose surtout se poser en présence d'industries similaires qui, pratiquées depuis longtemps à l'étranger, y ont poussé de profondes racines, y portent déjà des fruits; et qui, appuyées sur l'expérience du temps et jouissant d'une clientelle faite, se montrent aux yeux des commençants, comme de véritables épouvantails.

De même qu'un jeune arbre déplanté réclame, avant de porter des fruits, un *tuteur* et des soins plus assidus, de même, la nouvelle industrie serait mort-née, si pendant quelque temps au moins, elle n'était ni soutenue, ni protégée. La même sollicitude est nécessaire en faveur de celles que, pour des motifs quelconques, on voudrait voir se développer.

Les droits protecteurs peuvent donc être utiles. Toutefois il faut en user avec modération et à bonne enseigne.

En 1651, Cromwell fit décréter l'acte de navigation, dans le double but de protéger la marine marchande et de trouver les moyens de renforcer et de rendre plus imposantes, les forces maritimes de la Grande-Bretagne constamment menacée par la valeureuse et puissante marine hollandaise, commandée alors par les amiraux Tromp et Ruyter qui, tous deux, d'une bravoure extraordinaire, avaient promené sur l'Océan, au bruit du canon, les couleurs des Provinces-Unies et qui, en attachant plusieurs fois la couronne du vainqueur à leur pavillon, lui ont légué un éclat qui ne se ternira point et qui fait encore aujourd'hui la gloire des Hollandais.

L'acte de navigation eut tout l'effet qu'on en avait espéré, et l'Angleterre lui doit, au moins en partie, sa puissance maritime.

En posant une entrave à l'importation étrangère, la protection donne au produit nouveau, outre la valeur réelle, une certaine valeur fictive ; elle crée une prime à charge du consommateur et au profit de l'exploitant. Cependant, si l'industrie protégée est menée avec intelligence, le travail en est mieux rétribué que celui de beaucoup d'autres. Il attire incontestablement l'attention des spéculateurs. De nouveaux établissements se forment, la concurrence devient active, et bien que le produit se perfectionne, la valeur baisse insensiblement. Si l'industrie nouvelle est en harmonie avec les qualités naturelles du pays, condition essentielle pour que la production nationale puisse se mettre à la hauteur de la production étrangère ; si l'extension qu'elle a prise permet de satisfaire aux besoins de la consommation, le prix du produit national tombe au taux du produit étranger, la prime ne se paie bientôt plus, et le droit protecteur n'a plus d'autre mérite, que celui d'obliger, en quelque sorte, le consommateur de substituer, dans la consommation, le produit indigène au produit similaire exotique.

Cependant, il est des industries dont le développement ne saurait dépasser certaines limites et dont la production dans quelques pays, doit forcément rester en dessous des besoins de la consommation. On comprend que, dans ce cas, bien que la prime prélevée sur le consommateur au profit du producteur puisse diminuer, elle ne saurait cependant disparaître entièrement.

La généralité des produits agricoles récoltés à la surface de la terre est limitée par l'étendue et le pouvoir du sol; et l'importance des besoins de ces produits est en raison de la population. Il en résulte que, si la protection accordée à une culture déterminée peut attirer l'attention du cultivateur et donner aux travaux agricoles une direction plus spéciale, le surcroît de production particulière qui en résulte ne peut avoir lieu qu'au détriment d'autres productions analogues.

Si l'on imposait fortement le seigle à l'entrée, le prix de cette céréale n'en serait pas pour cela nécessairement beaucoup plus élevé, au bout d'un certain temps. A la faveur de la protection toute spéciale dont jouirait le seigle, il en serait semé des quantités peut-être capables de satisfaire aux besoins du pays, de manière qu'il n'en serait point importé, mais bien des champs mis en orge ou en froment devraient être enlevés à leur culture ordinaire. La disposition législative donnerait nécessairement lieu à des importations plus importantes que par le passé, en fait de produits alimentaires non protégés, elle n'aurait ainsi d'autre pouvoir, que de forcer, en quelque sorte, le cultivateur, de produire telle denrée de préférence à telle autre, ce qui est, conformément aux explications données au chapitre VIII, diamétralement opposé aux règles de la bonne politique.

On comprend également, que si la protection s'étendait à toutes les ramifications de l'industrie agricole, le chiffre global des productions terrestres ne saurait, pour cela, être augmenté, parce que l'importance en est subordonnée à l'étendue du territoire (*). L'industrie manufacturière et l'industrie commerciale n'ayant d'autres bornes que celles qui sont posées par l'importance des capitaux que l'on possède en propre ou que l'on emprunte, n'ont pas cet inconvénient, elles peuvent se multiplier presque indéfiniment, faire face aux besoins du pays et fournir quelquefois à tout aussi bon compte que la production étrangère. Il y a donc matière à établir, en ce qui concerne la protection, une certaine différence entre les effets qu'elle exerce sur l'industrie agricole et ceux qu'elle a sur l'industrie manufacturière et le commerce.

Que l'on ne confonde pas cependant le droit protecteur avec une autre imposition, souvent nécessaire, et dont l'absence paraliserait complètement l'industrie nationale.

Si un droit quelconque frappe la fabrication d'un produit indigène, il doit en même temps atteindre, tout au moins aussi fortement, l'importation du produit similaire étranger. Souvent même, une industrie dont la pratique semble entièrement libre, est imposée d'une manière indirecte ; il en résulte, sans que l'on s'en aperçoive, une élévation dans le prix de revient du produit. Il est évident, que si les créations similaires

(*) *Des Richesses créées par l'Industrie et les Arts.* Chap. XII.

de l'industrie étrangère n'étaient pas assujetties, à l'entrée au paiement d'un droit équivalent, le travail national succomberait dans la lutte. Cette imposition douanière, n'est plus une protection, elle ne constitue plus une prime en faveur de l'exploitant, elle lui donne, uniquement, le pouvoir de se faire rembourser par le consommateur, des droits indirects qu'il a déboursés et dont le montant pèse sur le produit.

Avec le système d'impôt en vigueur dans beaucoup d'états, système qui, originairement, a pu être bon mais qui, insensiblement modifié, a produit d'autres effets que ceux qu'on en attendait, il se fait que bien des industries sont sérieusement imposées d'une manière indirecte, et paient, sans le savoir, de grands impôts. Parfois elles ne peuvent lutter contre l'industrie similaire d'autres pays, et elles végètent sans en connaître la cause, de même que certains malades qui se sentent indisposés sans connaître souvent, d'une manière positive, le mal qui les ronge. Prenons un exemple entre mille autres :

Dans quelques pays l'industrie nautique se trouve fortement imposée d'une manière indirecte. Le bois, le fer, le chanvre et cette foule de matières premières qui, façonnées et assemblées d'arprès certaines règles, forment soit un bâtiment de transport ou une barque de pêche, ont payé une prime en faveur de leurs producteurs ou bien, acquitté certains droits d'entrée. Il en résulte que le véhicule maritime. indépendamment de la valeur réelle, est chargé d'une certaine valeur fictive, rendue encore plus importante par l'évaluation élevée du salaire résultant de l'imposition indirecte qui pèse sur les provisions alimentaires. Dans ces pays, l'armateur expose non-seulement à la fureur des éléments, une valeur plus importante, mais il doit encore prélever, sur le produit brut de ses frêts, l'intérêt d'un capital plus fort que celui que doivent parfaire les armateurs d'autres pays qui, régis par d'autres lois, se trouvent dans des conditions meilleures. Il s'en suit, que ces premiers réclament, à leur tour, des primes et des protections en faveur du pavillon national et comme une foule d'industries sont atteintes du même mal, il en résulte des réclamations continuelles dont l'appréciation convenable devient impossible et embarrasse l'homme d'état le plus habile et le plus pénétrant, tandis qu'avec un système plus régulier et moins compliqué, il dirait, sans hésister, aux uns : vos observations sont justes, on y pourvoira. Et aux autres : vous exploitez mal ; adoptez les progrès de vos concurrents, exploitez comme eux, ne restez plus embourbés dans vos vieilles ornières, lancez-vous sur la nouvelle route, votre industrie marchera et, comme tant d'autres, vous arriverez sans encombre.

Quoiqu'il soit dangereux de chercher à introduire des industries incompatibles avec la nature des lieux, un gouvernement qui s'occupe sérieusement du bonheur de la nation, commettrait une faute, s'il négligeait de favoriser la nationalisation de celles qui peuvent s'acclimater, il serait blâmable surtout, s'il en interdisait la pratique, ou s'il ne levait pas les obstacles qui peuvent en arrêter le développement.

Car il est certaines branches industrielles dont l'éloignement peut être très-préjudiciable à l'intérêt commun. Les nations assises aux bords de la mer, semblent avoir pour tâche de charier sur l'Océan, les produits du travail humain, et d'opérer les échanges entre les points les plus écartés du globe. Cette position est une source naturelle de richesses, pour les populations assises aux bords de ces gigantesques créations divines. Une nation qui voit rouler à ses pieds les vagues de l'Océan, doit posséder des marins, il faut que son pavillon, arboré sur les mâts de ses vaisseanx, aille saluer au loin les peuples d'autres contrées et d'autres climats. Il lui faut des chantiers et des constructeurs.

Cependant, si des dispositions douanières pesaient fortement à l'entrée, sur ces parties diverses dont la réunion constitue un vaisseau, ne compromettrait-on pas sérieusement l'industrie des constructeurs de navires, si l'on admettait, à un droit infiniment moins élevé, l'importation globale de toutes ces matières premières qui, ouvrées et réunies, se présenteraient sous la forme d'un navire prêt à déployer ses ailes de toiles et à s'envoler avec le vent vers de lointains parages ?

S'il peut être bon d'admettre des constructions étrangères, parfois moins coûteuses et plus élégantes, si une pareille mesure peut avoir son côté favorable pour la nation et même pour les constructeurs indigènes, elle a son côté nuisible, en ce sens, qu'elle empêche les constructions nouvelles sur les chantiers nationaux. On est donc fondé à dire, en thèse générale, que les conditions en bonne politique exigent que le bien résultant d'une loi quelconque, ne soit pas neutralisé par le mal qu'elle amène, et que l'on doit savoir éviter.

Exprimons, en terminant ce chapitre, le souhait de voir bientôt les législateurs de tous les pays, fatigués de palliatifs et d'essais de tous genres. abandonner ces systémes dont les effets viennent s'entrechoquer et se détruire. Ils comprendront que chaque chose a sa valeur naturelle, que le pouvoir de la science et l'activité humaine seuls peuvent augmenter, sans qu'il en résulte un mal pour d'autres; ils verront enfin, que l'impôt doit être, avant tout, demandé à ceux qui possèdent, et qu'il est hideux d'imposer le nécessaire. Et vous, riches, qui avez vu doubler vos revenus, ne reconnaissez-vous pas que la société est mal assise, que les uns gènent les autres; ne remarquez-vous pas que l'ambition exploite, à son profit, les ventres affamés, germes toujours vivants de ces troubles et de ces révolutions dont le monde entier, mais vous surtout, devez éviter le retour? Venez donc supplier qu'on vous impose. Vos aliments vous coûteront moins cher, Dieu vous bénira; l'ouvrier et l'artisan vous rendront grâces, et vous jouirez en paix de vos biens et de vos richesses.

Nous nous sommes borné, à considérer l'impôt sous le point de vue de la production, nous y reviendrons dans la deuxième partie de l'ouvrage afin d'en examiner les effets en matière d'échange.

CHAPITRE XI.

Du système prohibitif.

Bien des hommes, peu familiers avec le mécanisme des relations humaines, attribuent à la monnaie plus de pouvoir qu'elle n'en a. Bien des législateurs, jugeant sur les apparences, se sont grossièrement trompés, en considérant l'argent, non comme une marchandise de circulation, non comme le signe représentatif de la valeur d'un travail échangé, mais comme la seule véritable richesse. Méconnaissant ainsi cette vérité incontestable, que le travail seul est la monnaie originaire de tout; que l'argent n'en est que le signe représentatif, ils ont pris un rayon du soleil pour le soleil même.

En considérant la monnaie comme la seule richesse, ils ont pensé que celui qui en reçoit gagne, que celui qui en donne perd, que l'écu dont l'un profite est nécessairement perdu par l'autre; comme si l'acquéreur ne recevait pas, en échange de sa pièce, une accumulation de travaux faits, accumulation dont il peut jouir si bon lui semble, accumulation à laquelle il peut ajouter, pour en opérer l'échange, d'une manière qui lui soit avantageuse.

S'appuyant sur ces faux principes, beaucoup d'hommes d'état ont cru administrer sagement, en posant des entraves à la sortie de la monnaie, tout en s'efforçant d'attirer celle d'autrui. Dût cette politique exclusive leur amener des représailles, ils ont cru agir dans l'intérêt de la nation, en inaugurant chez eux le système prohibitif, en repoussant le travail étranger. Mais le système que nous venons de citer, compte des partisans de diverses nuances. Les plus radicaux voudraient ne rien avoir à démêler avec l'étranger. Occupons-nous d'abord de ceux-là.

Supposons que la Belgique veuille vivre dans l'isolement le plus complet, et tâchons de nous rendre compte, sous le point de vue du travail national, du résultat probable de ce revirement politique.

S'il se porte aujourd'hui des vêtements faits à l'étranger, on en confectionne aussi à l'intérieur, destinés à l'exportation. Nous admettrons que, sous ce rapport, le travail importé fasse équilibre au travail exporté et nous en concluerons que l'application du nouveau système n'apporterait aucune modification sérieuse dans le nombre des tailleurs, des cordonniers, des chapeliers, etc., etc. En admettant encore que, dans les conditions actutelles, l'importation en fait d'étoffes, fasse aussi équilibre à l'exportation, le nombre d'ouvriers appliqués à la fabrication des draps, des toiles, des cuirs, ne subirait pas, semble-t-il. au premier abord, de modification importante.

Comme tout belge devrait être logé au moins aussi commodément que par le passé, nous dirons encore, qu'aucune variation ne serait apportée au nombre d'ouvriers qu'exigent le logement et l'ameublement comfortable des citoyens. Nous supposerons, quoiqu'il y ait lieu d'en douter, qu'aucun changement n'interviendrait, quant à la multitude appliquée à la production de ces objets qui constituent les premiers besoins de la vie : ceux qui travaillent aujourd'hui pour l'exportation, travailleraient pour la Belgique et rempliraient le vide laissé par le commerce d'importation qui aurait cessé.

Passons à d'autres industries :

Que deviendrait la fourmilière employée aujourd'hui à la confection des chariots, des voitures et des navires? Nos besoins, en fait de véhicules, étant bornés dorénavant aux simples transports à l'intérieur, nous n'aurions que faire de cette multitude de charrons, de constructeurs, de cordiers, de fabricants de toile à voile, de poulieurs, de marins et de portefaix. Le nombre de bras occupés directemeut ou indirectement à la locomotion, diminuerait évidemment d'une manière sensible. Et que deviendrait cette masse d'ouvriers employés à l'extraction, à la culture, à la manipulation des matières indispensables à la confection des objets dont il s'agit? — En ferait-on des ouvriers aux champs? — L'étendue du territoire limite la production de l'industrie agricole et l'armée des faucheurs, des faneuses, des sarcleurs est au complet. En ferait-on des tailleurs, des cordonniers, des maçons et des charpentiers? — Il ne nous en manque pas et, à ce compte, ils auraient une bien mince clientelle; plus d'un cordonnier ne trouverait à chausser que sa propre personne, plus d'un tailleur n'aurait à prendre mesure que chez soi, chacun deviendrait ainsi son propre fournisseur, son unique livrancier :

Mais voici surgir une autre difficulté.

Le coton, cette matière exotique, quoique nous la travaillions mécaniquement, occupe assez de bras. A quel usage destinerait-on cette multitude de fileurs, de tisserands, d'imprimeurs? Au premier abord, ceci paraît moins embarrassant. On remplacerait le coton par le lin, on détruirait les mécaniques, on filerait, on tisserait à la main; cette pratique aurait le double avantage de favoriser la culture de la filasse indigène, et d'occuper bien des bras... Détrompons-nous, cette pratique porterait une entrave sérieuse à la toilette du riche, et, ce qui serait bien plus fâcheux, elle imposerait à la classe moins aisée, à l'artisan, à l'ouvrier, de nombreuses privations. De plus, comme le champ qui porte le lin, ne saurait en même temps produire du blé, et qu'en général, nous ne produisons pas assez de céréales, puisqu'il en est importé chaque année, il est clair que la nouvelle politique mettrait la plus grande partie de la population dans l'alternative, de chercher une autre patrie, ou de se passer de pain ou bien de vêtements.

Tout le monde conviendra que ce système nous ferait rétrograder vers les premiers temps de la société, et, que bientôt l'habillement en peau de mouton, serait fort à la mode.

Les partisans de la prohibition s'empresseront de

dire que nous extravaguons, que le système, tel que nous venons de le décrire, est le rêve de la partie la plus radicale et la plus ignorante de leur opinion. Il serait absurde, diront-ils, de cesser nos relations à l'extérieur; la saine raison démontre le besoin des exportations, mais il convient d'attirer l'argent des étrangers de préférence à leurs produits, et d'éviter soigneusement de leur donner le nôtre.

Nous admettrons que les souhaits de ce système soient pleinement exaucés, que chacun veuille bien accepter nos produits, et solder nos factures, en espèces; qu'aucune loi de douane étrangère ne vienne point y mettre entrave, que nous fabriquions beaucoup et aussi avantageusement que quiconque; que nous trouvions des débouchés continuels : conditions bien difficiles à réunir.

Nos produits agricoles, fabriqués et échangés contre espèces, feraient affluer l'or et l'argent. Or, comme il en entrerait toujours et qu'il n'en sortirait point, la Belgique serait, en peu de temps, un véritable Eldorado, une nouvelle Californie peuplée de richards... en guenilles. Et pourrait-il en être autrement? le tailleur millionnaire ne serait pas très-disposé à faire un habit, à raison de 20 francs. Le fabricant d'étoffes, riche comme Crésus, n'attacherait pas grand prix à la fourniture de quelques aunes de drap, auxquelles il ne gagnerait que mille francs. Un pain de seigle vaudrait une pièce d'or. M. De Rothschild, lui-même, serait parmi nous, un homme peu aisé, car en définitif les fortunes ne sont-elles pas relatives, et n'aurions nous pas le droit de considérer le riche banquier comme homme de position très-médiocre? De même qu'il considère, peut-être, aujourd'hui, nos banquiers de province, comme de misérables mendiants de quelques quarts pour cent de perte de place!

Remarquons donc que nous serions forcés de nous déssaisir de notre numéraire, avant d'avoir consommé nos provisions de bouche et nos vêtements, pour aller en échanger, au moins une partie, dans d'autres pays où il aurait plus de valeur, où, en un mot, il serait plus utile.

Examinons encore la question sous un autre point de vue.

Il faut posséder pour pouvoir acquérir; c'est là une condition essentielle, et nous sommes forcés d'admettre que nos acheteurs devraient avoir du numéraire en quantité suffisante pour effectuer leurs achats. Mais comment la possession leur en est-elle venue? A coup sûr, l'argent ne leur tombe pas du ciel. Si à une époque reculée, une pluie de manne répandit l'abondance au milieu du camp des Hébreux, nulle part, que nous sachions, il ne tomba une pluie d'or! Il nous est permis de croire que nos acheteurs possédaient ces monnaies à la suite de l'échange de leurs propres créations industrielles; que chez eux, l'abondance du numéraire avait diminué à l'intérieur, la valeur de la marchandise de circulation, et augmenté celle des produits de consommation, et qu'ils auront trouvé leur compte en nous envoyant, en échange de nos produits, ce qu'ils avaient de superflu en fait d'argent, lequel, moins abondant, avait chez nous plus de valeur. Cependant l'importation incessante de monnaies aurait bientôt fait diminuer, chez nous, la valeur de l'argent, et l'exportation continuelle de nos produits, aurait fait augmenter le prix des denrées. Cette affluence supposée de fonds, vers un même point, ne saurait donc être continuelle. On a l'hypothèse que nous nous sommes permis de faire, est complètement absurde, tout à fait gratuite, et qu'en la posant, nous n'avons eu d'autre but, que celui de faire mieux sentir, qu'il est possible à une nation d'être pauvre, tout en ayant beaucoup de numéraire.

Une société civilisée ne pouvait se passer d'une marchandise de circulation qui facilitât l'échange (*), les métaux monnayés seuls étaient propres à remplir ce but. Une fois adoptés comme instruments de l'échange, la possession en a été préférée à tout, parce que le possesseur peut les échanger, immédiatement, contre tels ou tels autres objets; parce que la monnaie offre l'avantage d'un travail déjà réalisé, tandis que le possesseur de tout autre produit, étant tenu de vendre avant d'acheter, n'arrive à la possesion de la chose qu'il désire acquerir, qu'après avoir fait deux échanges successifs. dont le premier offre toujours quelques difficultés.

Cependant, l'argent n'est pas ce que l'on se propose d'acquérir en dernier lieu. Si tout le monde le recherche, c'est parce qu'il peut s'échanger immémédiatement, contre les objets qu'on désire posséder.

(*) *Des Richesses créées par l'Industrie et les Arts*, chapitre IV.

Le négociant le voit arriver avec plaisir, non pour le conserver ; au contraire, sa monnaie lui brûle dans la main, il s'en déssaisit aussitôt que l'occasion lui semble bonne ; mais à peine est elle partie, que déjà il voudrait la ravoir, non pour l'argent même, puisque son intérêt exige qu'il n'en garde pas, mais parce qu'il fait métier d'acheter et de vendre et que l'importance de ses opérations est en raison du chiffre de ses échanges.

L'argent n'est donc qu'un moyen d'atteindre un but, et là où il n'y aurait plus de but, le moyen deviendrait inutile. Ceci fera comprendre que, bien que la monnaie soit souvent la marchandise la plus recherchée par touts les individus qui forment la nation, le bien-être de celle-ci exige, qu'il y ait chez elle, cette variété de choses que l'on doit rencontrer au sein d'une société civilisée, et que s'il peut convenir à des individus isolés de garder leur avoir sous la forme d'espèces, il est cependant de l'intérêt d'un peuple, d'être en possession d'une certaine variété de produits, soit par la création directe, soit par l'échange, et qu'il lui convient seulement d'avoir chez lui, en fait d'argent, les quantités proportionnées à l'activité de la circulation.

Lorsqu'un individu quelconque se rend compte de sa situation, il ne se borne pas à faire le bordereau de sa caisse, il dresse l'état estimatif de toutes les choses qu'il possède, tant de ses meubles et immeubles, que de ses créances, il en défalque ses dettes, et l'excédant de son actif sur son passif, constitue sa fortune. Il peut donc facilement se faire, que celui-ci dont l'encaisse serait de 100 fr., fût plus riche que celui-là, qui posséderait, en numéraire, une somme bien plus importante. De même, une nation n'est pas riche en raison du numéraire appartenant aux individus dont elle est composée, mais en raison de l'évaluation juste de toutes les valeurs qui leur appartiennent individuellement et en commun. Et pour qu'elle ne marche pas à reculon, il faut que l'estimation des choses créées fasse au moins équilibre à sa consommation.

Dans toute opération d'échange, l'acheteur et le vendeur ont leur libre arbitre, l'achat et la vente se font d'un commun accord, et l'objet vendu, s'il n'y a pas de supercherie, doit valoir le prix convenu. La transaction n'a appauvri ni l'acquéreur, ni le vendeur, ils ont satisfait, touts les deux, un besoin ou un désir, L'acheteur serait évidemment plus pauvre si, après avoir consommé l'objet acquis, il n'en avait pas remplacé la valeur par un travail fait, tout comme le vendeur, qui, cédant à la paresse et à l'ivrognerie, aurait dépensé son argent en copieuses libations. On comprendra, du reste, que l'argent est cher quand les produits sont abondants, qu'il est bon marché quand ceux-ci sont rares, et que la concurrence qui nivelle la valeur de tout, tend aussi à établir, partout, la véritable valeur, aussi bien de la monnaie que de tout autre produit et que par suite, l'exportation, comme l'importation de la monnaie et des métaux précieux, ne saurait jamais dépasser certaines limites. Nous verrons dans la deuxième partie de cet ouvrage, lorsque nous nous rendrons compte de la manière dont se font les échanges, que les transmissions d'espèces sont bien moins importantes qu'on ne le pense.

CHAPITRE XII.

Récapitulation et Conclusion.

En jetant un coup d'œil sur tout ce que nous venons de dire, nous remarquons que, bien que la société actuelle ait fait un pas dans la voie du progrès, elle n'a point atteint ce degré de perfectionnement auquel elle peut aspirer. Le champ des réformes et des améliorations, qui s'offre devant elle, est immense; les yeux de l'homme le plus pénétrant même n'en découvrent pas les limites.

Depuis sa régénération politique, la Belgique, arbitre de sa destinée, dégagée de toute pression étrangère, s'est développée d'une manière vraiment admirable. Juge de ses propres facultés, assez mûre pour marcher sans tutelle, et diriger elle-même ses intérêts; gouvernée, tour à tour, par des hommes de capacité quoique différents d'opinion, mais tous mus par un même sentiment : celui de la liberté et de l'ordre, la Belgique a su profiter des moyens de développement intellectuel que les différents pouvoirs lui ont procurés. Le père de famille illettré s'est aperçu du vide que laisse l'ignorance, il a considéré l'éducation comme le bien le plus propre à charmer la vie, il a voulu que ses enfants profitassent des institutions qui ont surgi de toutes parts. A la faveur de la liberté de l'enseignement et des écoles institués par le gouvernement, le fils du prolétaire, de l'ouvrier, a trouvé l'occasion d'acquérir quelques connaissances, sans qu'il en coûtât beaucoup à ses parents. Et s'il était rare autrefois, de rencontrer un ouvrier belge sachant lire et écrire, bientôt on ne trouvera plus, dans nos campagnes mêmes, un enfant qui ne sache au moins peindre la parole et dérouler aux yeux d'un ami vivant au loin, le tableau de ses idées et de ses sentiments.

Les commotions politiques, le bruit incessant des armes avaient, un moment, chassé les muses. Rubens et Van Dyck, Teniers et Brauwer ne trouvaient plus, chez nous, de dignes imitateurs. La poussière des armées et la fumée des champs de bataille avaient caché les productions de ces hommes extraordinaires; la patrie même semblait avoir oublié les noms de ses enfants célèbres. La gloire militaire avait éclipsé toute autre gloire. Mais, si les muses timides avaient quitté la terre tremblant alors sous le choc des armées, faisons la part des circonstances et n'accusons pas l'ambition d'un seul homme d'en avoir été la cause. Si, quelquefois, Napoléon tira le premier l'épée, souvent, convenons-en, il y fut obligé. Tout le monde peut reconnaître aujourd'hui les fautes de ce grand génie militaire, mais on le sait, qu'il n'y a aucun mérite à juger après coup. Rendons lui au moins cette justice que lui rend un de ses plus grands antagonistes : Napoléon fut un grand génie. Souvenons-nous, Belges, que nos pères ont partagé ses périls et sa gloire. Nous lui devons un tribut de mémoire, car il créa des routes et des ports, il rouvrit nos temples, il enchaîna le désordre, et s'il fut parfois despote, son despotisme était plus supportable et moins accablant que celui de l'anarchie, que ce despotisme de terreur et de sang qu'il a su vaincre et que son glaive a exterminé.

Une fois la paix descendue sur la terre, une fois livrée à ses propres destinées, la Belgique s'est mise à l'œuvre. Elle s'est appuyée sur des fondemens solides, elle s'est assise sur les seules bases durables : celles de la liberté et de l'ordre. Alors elle a vu les génies des arts revenir et prendre place à son foyer domestique. Nos musées se sont ouverts, nos académies se sont réorganisées, nos conservatoires se sont établis, et les écoles, les colléges, les universités, ont répandu sur la patrie l'esprit de science et d'ordre, comme les parterres de fleurs exhalent aux alentours des odeurs suaves. La liberté d'écrire, pratiquée avec cette modération, seule capable d'attirer l'attention des hommes sérieux et de féconder la discussion, a porté la lumière jusque dans les campagnes, et le bon sens du peuple, érigé en cour de justice permanente, prononçant sans appel, plus souvent que les assises, a réprimé les écarts de la presse.

Les Belges, disait Charles V, sont fidèles et loyaux sujets, mais ils ne souffrent point l'esclavage. L'Europe nous jugeait autrement : nous n'étions aux yeux du monde qu'un ramassis de turbulents et de querelleurs........... Le monde se trompait. Nous étions des soldats combattant à l'avant-garde dans l'armée de la civilisation ; nous marchions à la conquête de cet état politique qu'Homère dit être l'état normal de la société humaine. Arrivés des premiers, nous faisons avec d'autres, face en arrière et nous crions aux peuples qui nous suivent d'un pas trop impétueux : Modérez la rapidité de votre course ; un gouffre épouvantable borde les limites de la liberté. Vous avez fui le despotisme et l'esclavage, gardez-vous de tomber dans la licence et dans l'anarchie.

Et l'Europe entière, infirmant son téméraire jugement, s'écrie aujourd'hui avec notre ancien Empereur : Les Belges sont fidèles et loyaux sujets, mais ils ne souffrent point l'esclavage.

Et notre amour pour la Constitution, notre obéissance aux lois, notre attachement au chef de l'Etat, attachement qui a poussé dans nos cœurs de profondes racines, à la faveur d'une administration sage et progressive ; attachement sincère, affectueux, qui fait que le peuple se réjouit du bonheur de son Roi ; qu'il pleure quand son Roi pleure, ces choses ne justifient-elles pas l'admiration de l'étranger ?

Cependant, que la fumée de l'encens qui nous vient de toutes parts, ne nous aveugle point. Si nous nous sommes mis au niveau d'autres penples, si nous avons devancé même quelques nations, que nos succès ne nous arrêtent pas ! Ne nous faisons pas illusion, il nous reste, comme à bien d'autres, de grands pas à faire dans la voie de la civilisation. Au milieu des progrès de toutes les branches scientifiques, la science économique est restée stationnaire et presque ignorée. A peine si quelques hommes, qui prennent une part à la discussion des lois, ont une idée nette de la création, de la distribution et de la consommation des richesses. Est-il étonnant alors, de voir surgir des discussions qui, plus ou moins fondées en apparence, n'atteignent aucun but et restent stériles? On ne fait rien qui vaille, même avec d'excellents matériaux et de bons ouvriers, quand on bâtit sur un sable mouvant ou sur un terrain mal assis. Le monde, peu fixé sur les véritables principes de bien-être matériel, s'est transformé en champ de discussion, où, le plus souvent, les arguments reposent sur de grandes erreurs. La confusion des idées obscurcit tout; et, semblable à ces ouvriers de la tour de Babel, on se parle beaucoup, sans se comprendre le moins du monde.

A la suite de cette ignorance presque générale des véritables principes économiques, les discussions deviennent oiseuses et n'amènent aucun bon résultat. Au contraire, elles donnent lieu à une opposition qui embarrasse l'action des gouvernements éclairés; elles opposent une barrière insurmontable à la marche du progrès.

L'occupation constante est évidemment nécessaire au bonheur; le travail est la source de toute richesse, et le monde n'est point riche en raison de la quantité de métaux et de monnaies, mais en raison des travaux accomplis.

Mais le travail d'une nation est cependant plus ou moins assujetti à l'importance de ses capitaux; donc, les gouvernements qui voudront agir avec sagesse, s'efforceront d'imprimer à l'industrie nationale, une direction en harmonie avec les propriétés naturelles des lieux. Cette pratique est la seule bonne, puisqu'en rendant la nature ouvrière, elle permet de tirer de plus grands services du capital.

Le véritable homme d'état doit donc se familiariser avec la connaissance approfondie des qualités particulières des contrées.

Mais, si l'application des principes de la politique, en ce qui concerne la création matérielle, diffère selon les lieux et les climats, et suivant la nature des facultés spéciales des contrées, elle est unitaire quant à la production immatérielle ; car l'intelligence est de tous les pays : les arts et les sciences peuvent être cultivés. avec un égal succès, sur tous les points habitables du globe. On peut être mathématicien, chimiste, astronome partout. Le fils de Clio et d'Apollon endormait, au son d'un instrument, le dragon furieux qui veillait dans la Colchide, à la conservation de la Toison d'Or; la lyre d'Orphée eût assoupi, avec la même facilité, les ours de la Tartarie et les tigres du Malabar ; les sciences et les arts peuvent avoir leurs temples sous la voûte azurée du Midi, comme sous le ciel nébuleux du Nord. Aucune nation ne saurait se passer de culte ni de justice. Les malades Indous, comme les malades Esquinaux réclament les secours de l'art de guérir ; le foyer des connaissances humaines est le point de départ de toute création : la science est une pour tout l'univers, l'application seule peut varier.

Tous, tant que nous sommes, nous avons intérêt au triomphe de ces vérités. Il faut, pour le plus grand bonheur des hommes, que la lumière se fasse jour partout, qu'une activité égale embrasse l'universalité de l'espèce humaine ; car nous sommes solidaires les uns des autres, et bien que les nations et les hommes oisifs soient les plus dénués, les peuples laborieux se ressentent de cette pauvreté. Le bonheur global du monde est en raison du chiffre et de la variété du travail accompli, et la prospérité ne sera générale, que lorsque les nations et les individus comprendront leurs rôles.

Le respect dû à la propriété est une condition essentielle du travail, mais pourquoi cette partialité en faveur des créations matérielles? Pourquoi ne pas respecter aussi consciencieusement les travaux de l'esprit, quoique l'auteur soit étranger? On n'en est pas moins voleur parceque celui que l'on dévalise parle une autre langue, vit sous un autre climat, ou est placé sous la protection d'une autre autorité. Sous ce point de vue, la société offre encore l'aspect d'un peuple de pirates, et s'il faut tout dire, la nation belge n'est pas celle qui arme le moins à la course? Il semble qu'on n'ait rien à se reprocher, quand on a réimprimé le fruit des veilles d'un romancier ou d'un historien étranger. La justice qui devrait être toute d'intuition, paraît n'être, sur la terre, qu'une simple convention.

Et que l'on ne cherche pas à s'abriter derrière le caractère généreux et désintéressé de l'auteur ou de l'artiste, qu'on ne dise pas que le poète se contente de sa célébrité. Bien qu'il arrive qu'on admire sa couronne, le monde matériel ne la recherche pas. Dans les conditions actuelles, plus d'un épicier n'échangerait pas son fonds de boutique contre le talent d'un bon écrivain. On appliquerait aux trois quarts des hommes, ces vers que Béranger s'est contenté d'adresser aux gourmands

Vous ne trouvez le laurier bon
Que pour la sauce et le jambon.

La science est le point de départ de l'industrie; elle se développe au profit de la société entière. L'écrivain est l'enfant du monde. Mais la violation de la propriété intellectuelle, empêche le développement de la science; on n'aime pas à se voir dépouiller, quelque désintéressé que l'on soit, il en résulte que l'on ne veut pas s'exposer à ce malheur et que bien des idées lucides, dont la publication augmenterait le bien-être du genre humain, ou adoucirait, tout au moins, l'amertume de certaines existences, sont mort-nées, et n'ont aucun résultat.

Il serait juste que toutes les créations fussent respectées, il en résulterait que la distribution de la valeur de tout objet créé se ferait d'une manière régulière. De plus, tant qu'elle durera, cette espèce de spoliation sera une cause toujours vivante de mécontentement, nous dirons, de légitimes récriminations; car c'est un acte de justice et non une faveur que vient demander le travailleur de la pensée; ce n'est pas une protection douanière qu'il réclame, dans le but de s'assurer, dans les créations, la part du lion; il ne veut pas l'exclusion de la production étrangère, ce qu'il demande, c'est que, comme il respecte votre pièce de terre, comme il vous laisse votre balle de marchandises, quelle qu'en soit la provenance, vous ne vous empariez pas de la partie intellectuelle de son œuvre, produit de ses travaux et de ses veilles. Libre à chacun d'acheter ou de ne pas acheter son livre.

On comprendra que le redressement d'un grief de cette nature ne peut avoir lieu sans le concours des gouvernements. Mais comme tous ont intérêt à voir la société s'asseoir sur de bonnes et solides bases, comme tous doivent nécessairement rechercher l'appui des auteurs, la conclusion de conventions internationales ne semble pas offrir, sous ce rapport, de bien sérieuses difficultés.

Nous l'avons dit au chapitre VII, le triomphe de ces principes, loin d'être opposé aux intérêts des imprimeurs, serait, au contraire, un sujet de bien-être pour l'imprimerie et pour bien des industries indirectement intéressées dans la question.

Nous venons de le dire, cette position exceptionnelle, faite par l'univers aux auteurs de tous les pays, est une cause toujours vivante de mécontentement parmi cette catégorie d'hommes végétant au milieu d'un monde industriel, qui s'enrichit en profitant des idées et des découvertes dont eux seuls sont les auteurs.

La société n'aura donc de chance de parfaite stabilité que, lorsque pratiquant la justice en tout et pour tous, elle respectera la propriété, prise dans l'acception la plus large; lorsque, confessant son iniquité, elle se sera attiré le puissant appui des auteurs et des inventeurs.

Fourier fait ressortir cette lacune dans l'ordre social, le père des Phalanstériens montre du doigt cette espèce d'ostracisme qui pèse sur les travaux de l'esprit ; il veut que, dans la répartition de la richesse créée, une certaine part soit dévolue au talent.

En rendant justice aux hommes qui se consacrent aux travaux de l'intelligence, Fourier comptait nécessairement se les attirer. Cependant il n'y réussit pas, parce que, en assimilant l'homme qui se meut selon sa volonté, à la matière qui est inerte et qui obéit dans le déplacement, d'une manière purement mécanique, aux lois inébranlables de la nature, tout le système phalanstérien reposait sur l'erreur. De plus, doué d'une imagination active, d'un caractère naturellement désintéressé et compâtissant, Fourier s'est considéré comme le prototype des hommes, il croyait chez les autres cette même générosité, ce même désintéressement. Ses idées reposent donc sur un fonds imaginaire ; il a attribué à l'espèce humaine plus de vertus qu'elle n'en possède, il n'a pas vu que, dans nos actes, le sentiment de l'intérêt domine bien souvent celui du devoir, il n'a tenu aucun compte de cette passion de posséder pour jouir soi-même; passion qui constitue une des parties organiques de la complexion naturelle de l'homme.

L'application de la science, constitue également un travail intellectuel, dont les fruits sont recueillis par tous, mais ce genre de travail est, de sa nature, plus dispendieux. La spoliation faite au détriment de l'inventeur est souvent, par cela même, encore plus grande.

Le gouvernement de la Grande-Bretagne est celui qui méconnait le moins les droits des inventeurs. Bien que les lois anglaises, en matière de brevets, laissent encore à désirer, elles ne sont pas illusoires comme celles de la plupart des pays du continent; aussi voyons-nous les inventeurs de toutes les nations se diriger vers la Grande-Bretagne et doter ce pays des plus ingénieuses découvertes. D'autres considérations, telles que l'esprit sérieux, et entreprenant des Anglais et les immenses débouchés dont ils disposent, sont aussi pour quelque chose, dans cette préférence que les inventeurs accordent aux îles britanniques.

L'émancipation de la propriété intellectuelle, tout en faisant surgir une foule de procédés nouveaux, contribuerait incontestablement à mieux asseoir la société. Elle pourrait être, en même temps, une grande source de revenu public. On conviendra donc qu'il reste quelque chose à faire, afin de parvenir au développement des deux premières facultés de la création.

Comme nous avons eu occasion de le dire, la justice exige la distribution de la chose créée entre les quatre facultés constituantes de l'industrie. Cette distribution doit se faire, naturellement, par le seul jeu de la concurrence.

Une fois ces quatre facultés établies sur la même ligne, l'industrie cheminera régulièrement. L'application de la science et son développement, celui de l'entreprise et celui de l'exécution, jouissant dorénavant de la même protection, le char industriel avancera sans secousse dans la voie sans fin du progrès. Une multitude de produits nouveaux viendront, à tout moment, surprendre l'homme ; la nature elle-même, plus riante dévoilera insensiblement ses secrets et le temps donnera au monde un aspect nouveau. Non pas que les eaux de la mer se changeront en limonade et que des *anti-baleines* viendront, dans les moments de calme plat, traîner les vaisseaux, pour les retirer des glaçons devenus d'énormes glaces à la vanille, comme le promettait Fourier, si la société avait consenti à faire table rase de ses vieilles institutions vermoulues, pour se reconstituer selon les lois de l'harmonie universelle, et remplacer les villes et les villages par des provinces et des royaumes de phalanstères, formant, tous ensemble, l'immense empire unitaire du globe, gouverné par un Omniarque trônant, seul, à Constantinople. Mais la réforme proposée a paru trop brusque et trop radicale, l'univers ne l'a pas adoptée. Aussi la présence d'aucune créature nouvelle, dans le genre des antilions et des anti-baleines, ne s'est encore fait remarquer, et la mer roule toujours ses ondes salées ou saumâtres.

Si ceux qui désirent que la justice sur la terre, soit plus qu'un mot, prévoient moins de merveilles que Fourier, ils n'exigent pas, en retour de ce qu'ils promettent, un bouleversement aussi complet. Vos empires, vos royaumes, vos républiques, vos villes, vos villages même, peuvent rester. Au lieu d'un Omniarque universel, majestueusement assis sur le trône à Constantinople, ils demandent seulement le régne de la justice, accepté par le monde entier.

La réforme réclamée, est-elle en opposition avec un seul intérêt? L'ignorance peut avoir des doutes à cet égard; la raison n'en a pas. La question est-elle de la nature de celles que l'on tranche sur un champ de bataille, au prix du sang humain? — Aucunement, elle est de celles que décide la diplomatie, pendant que ses membres, dînant à une même table, discutent paisiblement le mérite du cordon bleu et les affaires d'état.

Tant que la question n'est pas sérieusement agitée et équitablement résolue, la société sera toujours boiteuse; elle marchera péniblement, comme un être qui traîne un membre malade, auquel un défaut de conformation empêche l'accès d'une suffisante nourriture. Une fois la difficulté levée au contraire, la société marchera carrément, elle volera de progrès, en progrès si elle n'est point entravée par des liens et de règlements absurdes ou vexatoires. L'industrie ne saurait que vivoter dans une atmosphère de restrictions, il lui faut le grand air de la liberté; il lui faut la paix qui, amenant avec elle la stabilité et le crédit, favorise l'échange et donne au travail un plein essor.

Que les gens éclairés de toutes les nations, s'efforcent de faire comprendre l'absurdité de ces accaparements supposés de denrées alimentaires; qu'ils s'évertuent surtout à détruire par la lumière, ces préjugés qui ont couté la vie à plus d'un marchand de grains. Les idées absurdes effraient encore les masses entourées de ténèbres. Les enfants et les pusillanimes croient voir, dans l'obscurité, des fantômes dans tous les coins d'une chambre; fictions enfantées par la peur et qui disparaissent à l'approche de la plus pâle lumière. Il importe que l'infiltration d'idées plus saines et plus en harmonie avec l'intérêt général, soit favorisée par tous les moyens possibles. Empêchons que l'erreur si facile à s'établir et qui prend racine comme la mauvaise herbe, ne vienne s'emparer de la génération nouvelle ; hâtons-nous d'inculquer à nos enfants, à mesure que leur esprit se développe, ces principes qui trouvent leur confirmation, à la fois, dans la raison humaine et dans l'expérience des siècles.

Mais ne confondons point la liberté avec la licence; s'il est utile de dégager l'industrie de toute entrave, s'il convient de ne point embarrasser le chemin de la production et de laisser, dans le tournoi industriel, chacun choisir les armes qu'il manie le mieux et qu'il croit les plus propres au triomphe, il est juste au moins, que la partie soit égale; il ne faut point que la supercherie s'alliant à la fraude rende la lutte inégale et vienne placer sur la tête du flibustier, une couronne que des mains justes et loyales devraient seules recueillir.

Tout en laissant la concurrence agiter librement l'armée industrielle et la pousser dans les voies progressives, au meilleur profit du monde, il convient cependant d'empêcher le commerce trompeur, ce commerce vivant grassement de larcins, en causant la ruine d'honnêtes gens qui n'entendent pas plus vendre de la barite pour de la céruse, que des cendres de bois pour du poivre. Laissons, toutefois, une entière liberté à tous les fabricants et aux consommateurs.

L'obligation de la marque de fabrique est, de tous les moyens, celui qui semble le plus propre à fixer le public, au bout d'un certain temps, sur les qualités d'un produit, et à faire la réputation des producteurs.

Bien que l'acheteur ait pu voir et examiner, en tous sens, l'objet qu'il désire acquérir, nous avons fait remarquer que s'il est dupe d'abord, il est juge ensuite. L'honnête homme se laisse facilement prendre à l'air de désintéressement du frelateur. Jugeant les autres d'après lui-même, il est très-étonné, quand de plus expérimentés viennent lui dire : Soyez sur vos gardes, le commerce, de nos jours, porte à bon droit sur son blason le caducée du dieu des voleurs. On se laisse prendre au piège et on découvre la supercherie au bout d'un certain temps. La marque de fabrique ferait tout au moins éviter la rechute.

Souvent l'objet frelaté est d'une importance secondaire et occasionne un préjudice insignifiant, d'autres fois au contraire, il donne lieu à des pertes considérables; il compromet des industries entières.

Citons un exemple : La nature a donné à quelques parties du sol belge, la faculté de produire un lin souple comme de la soie, long comme la crinière d'un superbe cheval andaloux. C'est sur la qualité de ce produit agricole que repose, en partie, une des principales industries de la patrie. Mais la nature y a mis des conditions, elle veut que le germe de cette filasse, pour qu'elle soit belle et solide, soit né sous le ciel de la Russie et renfermé dans la graine la plus belle que produit ce vaste empire; une graine vieille, de qualité médiocre n'a pas la même vertu.

Cependant, la graine de lin n'a aucun signe extérieur bien visible, qui puisse faire distinguer la vieille graine de la nouvelle, et, bien que sur les lieux de production, la graine propre à la semaille et jugée comme telle par l'autorité russe, ait été mise en barils et scellée des armes de l'empire, rien ne s'oppose à ce que quelque frelateur mélange, au produit de première qualité et marqué comme tel, une graine exportée de Russie comme graine à battre.

On comprend toute la portée d'une falsification pareille; non-seulement elle rend stérile le travail du cultivateur et lui cause un préjudice considérable, mais elle compromet l'existence d'une foule d'industries qui s'occupent de la confection de la toile, et quand on compare la moyenne de la quantité de graines annuellement semée, avec celle des importations de graine que l'autorité russe a jugée de qualité convenable à la semaille, on acquiert la conviction, que la fraude est considérable, et que les pertes qui en résultent sont immenses.

La marque originaire ne suffit plus dans l'espèce. Nous voudrions voir les gouvernements intéressés dans la question, prendre des mesures propres à sauvegarder en ce point, tant les intérêts de l'agriculture, que ceux de plusieurs autres industries. Et bien que nous soyons peu partisan des opérations industrielles faites par les états, si d'autres moyens étaient introuvables, nous engagerions volontiers les gouvernements à effectuer par eux-mêmes l'importation et la vente des graines à semer, plutôt que de voir dégénérer encore une des branches essentielles de la création des richesses, sous les coups toujours renouvelés de la cupidité alliée à la mauvaise foi.

L'importation d'un engrais que le commerce va prendre sur les rochers de l'océan pacifique, a pris une extension considérable. Le *guano pur* paraît doué d'une grande force ravivante; mélangé à certaines terres, il en double le pouvoir productif. Les premières épreuves avaient mis nos métayers dans l'enchantement, ils venaient gaîment prendre à la ville une matière qui leur était si utile, et ils s'en retournaient tout contents, poussant devant eux leur petite bête de somme chargée d'un engrais aussi riche. L'esprit humain se plaît aux illusions! Chemin faisant, nos bons laboureurs croyaient déjà voir leur coin de terre, caché sous de longues pailles et d'innombrables épis, et comptant sur un surcroît de richesses, celui-ci se promet une vache, celui-là deux moutons. Mais hélas, beaucoup firent le rêve de Perrette! Pauvres mais honnêtes, ces braves gens avaient compté sans les frelateurs. Au lieu de bonheur et de richesse, souvent ils ne trouvèrent en retour de leurs travaux, que pauvreté et misère !

Il est plus de gens qu'on ne pense qui, pour gagner un écu, en feront perdre cent à autrui. Chez bien des hommes le sentiment de l'intérêt étouffe complètement le sentiment du devoir, et, chez presque tous l'amour de soi prime l'amour des autres. La civilisatio parviendra-t-elle un jour à changer la nature humaine? Fera-t-elle que l'homme qui reçoit avec empressement et qui donne avec peine, se plaise à donner, et qu'il reçoive avec répugnance? Il est permis d'en douter. En attendant, quoiqu'il advienne, prenons le genre humain tel qu'il est et non comme nous souhaiterions qu'il fût. Mais est-il bien sage de souhaiter à l'homme une autre nature; nous est-il permis, à nous, pauvres êtres, à nous, créatures à intelligence bornée et à savoir microscopique, de critiquer les œuvres du Créateur? En conduisant pendant un seul jour le char du soleil, le fils d'Apollon brûla la terre. Plus présomptueux que Phaéton lui-méme, nous ferions mille fois pis que lui.

Que les hommes qui veillent aux destinées des peuples répandent l'instruction; qu'ils inaugurent sur la terre, le règne de la justice; que la véritable concurrence soit le régulateur de toutes choses, mais qu'il y ait sécurité pour chacun, le crédit qui se sauve au moindre bruit et que la menace fait reculer, s'avancera seul et viendra librement s'asseoir au milieu des travailleurs. Que les droits de chacun soient donc nettement dessinés, par des lois simples mais claires; que l'administration de la justice soit prompte et peu dispendieuse, que, surtout, la législation ferme ces mille et une petites issues qui servent de retraite à l'astucieuse chicane.

Que les gouvernements viennent en aide à l'industrie par des publications et des renseignements utiles; qu'ils continuent à donner au monde industriel, les occasions de se comparer, de se reconnaître, et de se stimuler. Et, tant que nous sommes, entourons d'égards les lauréats du travail; saluons surtout l'ouvrier qui porte à sa boutonnière l'insigne de l'habileté et de la moralité.

Que l'égalité ne soit plus un vain mot. Mais tâchons d'atteindre le but, non en ravalant le riche, mais en élevant le pauvre. L'instruction seule est capable de ces merveilles. Que bientôt des écoles surgissent de toutes parts, et que celles qui sont consacrées aux arts et métiers ne soient pas les dernières à s'ériger.

Et vous ouvriers, enfants du peuple, comprenez que l'instruction seule élève. L'orgueil et la bêtise cherchent seuls, mais vainement, à s'élever sur un piédestal de pièces de cent sous; l'univers intelligent se rit de la morgue du riche lorsqu'il est ignorant. Non-seulement le temps consacré à vous instruire vous fera acquérir l'estime des autres, mais il vous rendra plus habiles, beaucoup de vous deviendront inventeurs; vous acquerrez des richesses, et ce qui est préférable encore, vous grandirez en considération.

Nous avons fait observer qu'une société civilisée ne saurait se passer de l'impôt, il importe toutefois de l'asseoir sur des bases équitables. Nous avons fait remarquer surtout, que le dégrèvement de toute matière de première nécessité serait à la fois un acte de philanthropie et une cause de prospérité pour les peuples qui marcheraient dans cette voie. En frappant le superflu, sans trop s'appesantir sur l'utile, l'impôt perd le caractère odieux qui le fait détester, mais que l'on évite surtout, de se servir de l'imposition comme instrument propre à favoriser les uns au détriment des autres, car la faveur qui enrichit Robert, appauvrit Jean, Pierre, Guillaume et Blaise.

On nous dira peut-être, que Robert étant riche fera vivre Blaise, Guillaume, Pierre et Jean. La réplique est délicieuse! Et nous y répondrons en peu de mots : Nommez-nous grand seigneur, payez-nous en conséquence, et nous viendrons dépenser notre argent dans vos boutiques!

Dans un état bien organisé, chaque travailleur, soumis à l'action de la concurrence, reçoit nécessairement un salaire en raison des services qu'il rend. Il est alloué aux fonctionnaires des traitements proportionnés aux positions qu'ils occupent, aux services que l'état attend d'eux. L'économie aussi a ses bornes.

Les seules faveurs qui puissent se faire, sont celles qui doivent profiter à la généralité; celles que réclame la naturalisation de toute industrie praticable, naturelle, capable de vivre, dans l'avenir, de sa propre vie. Mais ne confondons pas avec la protection, cette espèce d'impôt créé en faveur du producteur déjà imposé lui-méme d'une manière directe ou indirecte ; car cet impôt ne l'enrichit aucunement, il ne fait que donner à l'exploitant, le pouvoir de se faire rembourser par le consommateur, qui seul est le vrai contribuable.

Dans bien des pays, des lois ficales ont porté atteinte aux lois organiques. Il en résulte que tout le monde crie; chacun réclame, les uns à tort, les autres avec raison. On comprend qu'il est impossible, même à l'homme d'état le plus clairvoyant, de gouverner convenablement une société emmaillotée comme cela. Souvent en posant un acte de justice envers les uns, on commet une injustice à l'égard des autres. Dans bien des pays la révision de la législature fiscale est devenue inévitable. Nous ne nous faisons cependant pas illusion sur les difficultés d'une pareille œuvre, elle est difficile, elle sera longue surtout en présence de l'ignorance presque générale du mécanisme des relations humaines et en présence de certains intérêts particuliers qui, favorisés à la suite de la confusion actuelle, invoqueront la loi du droit acquis, sans tenir compte de celle de la justice.

Résumons nous en disant : que le travail est l'origine de toute richesse et que celle-ci est en raison de la diversité et du nombre des produits. L'argent considéré comme marchandise d'échange n'est autre chose que la mesure servant à déterminer, à tout moment, la valeur relative des produits; mesure elle-même variable, puisque la valeur des métaux, comme celle de toute autre marchandise, n'en est pas irrévocablement fixée; qu'elle est susceptible de variation, de telle sorte, que si de nouvelles mines exploitables étaient découvertes, la valeur de l'argent diminuerait; ou bien l'évaluation en monnaie du prix des denrées hausserait

Constatons encore, que la quantité et la qualité des produits se ressentent nécessairement des pouvoirs naturels des lieux que, dès lors, les industries d'une nation quelconque doivent recevoir une direction en harmonie avec la volonté de la nature, dont les forces sont prodigieuses, bien qu'elles diffèrent d'intensité et de caractère, selon les contrées et les climats.

Disonsencore, que l'instruction, la liberté d'action, la sécurité, et le crédit qui en provient, sont les éléments indispensables aux différentes facultés constituantes de l'industrie et au bien-être des travailleurs de touts les genres; que le trafic illicite et frelateur est destructeur, puisqu'il vit de surprise, à l'ombre de la supercherie. Gardons-nous d'en confondre les effets avec ceux de la véritable concurrence qui est un principe de vie industrielle, une cause immortelle du prog ès ; le régulalateur, tant des salaires, que de la valeur des produits.

Bien que l'impôt soit utile et nécessaire, il a son côté mauvais, quelquefois même odieux qu'il importe d'éviter. Ne perdons pas de vue surtout, que toute chose a une valeur naturelle, plus ou moins grande en raison de ses propres facultés, qu'il serait peu équitable d'en dépouiller le propriétaire au profit de la nation, tout comme il serait souverainement injuste, d'en étendre la valeur relative, par des contributions prélevées sur la sueur du peuple. Les progrès scientifiques et industriels, seuls, ont le pouvoir d'ajouter à la valeur, tant des hommes que des choses et profitent au genre humain d'une manière positive.

Nous nous sommes abstenu, autant que nous l'avons pu, de parler de l'échange dans le cours de la première partie de notre ouvrage, nous l'avons consacrée uniquement aux démonstrations de la production.

Nous traiterons dans la deuxième partie, exclusivement les questions qui ont rapport à l'échange et aux traités de commerce.

FIN DE LA PREMIÈRE PARTIE.

TABLE DES MATIÈRES.

« J'apprends que Monsieur le Marquis d'Auxy vient de déclarer à la Chambre, qu'il n'est pas l'auteur de la pétition qui réclame un impôt sur les titres. Je regrette, en conséquence, d'avoir cité, sans motif, un nom propre; mais bien que je sois, comme beaucoup d'autres, dupe d'un acte inqualifiable, l'erreur que j'ai commise ne change rien quant au fond . »

(*Note de l'auteur.*)

www.ingramcontent.com/pod-product-compliance
Ingram Content Group UK Ltd.
Pitfield, Milton Keynes, MK11 3LW, UK
UKHW020555180726
13838UKWH00001B/248